BIBLIOTHÈQUE CONTEMPORAINE

HUGUES LE ROUX

NOS FILLES

— QU'EN FERONS-NOUS? —

*... Bonnes à la Cour
et à la basse-cour...*

PARIS
CALMANN LÉVY, ÉDITEUR
3, RUE AUBER, 3

1898

NOS FILLES

CALMANN LÉVY, ÉDITEUR

DU MÊME AUTEUR

Format grand in-18.

TOUT POUR L'HONNEUR	1 vol.
MARINS ET SOLDATS	1 —
LES MONDAINS	1 —
GLADYS	1 —
CONFIDENCES D'HOMMES	1 —
NOTES SUR LA NORVÈGE	1 —
LE FESTÉJADOU	1 —
JE DEVIENS COLON	1 —
Ô MON PASSÉ	1 —
LE MAÎTRE DE L'HEURE	1 —
LES AMANTS BYZANTINS	1 —

Vient de paraître :

NOS FILS

QUE FERONT-ILS ?

IMPRIMERIE CHAIX, RUE BERGÈRE, 20, PARIS. — 652-1-98. — (Encre Lorilleux).

HUGUES LE ROUX

NOS FILLES

— QU'EN FERONS-NOUS? —

.... Bonnes à la Cour
et à la basse-cour....

PARIS
CALMANN LÉVY, ÉDITEUR
3, RUE AUBER, 3

1898

A

M. OCTAVE GRÉARD

DE L'ACADÉMIE FRANÇAISE
VICE-RECTEUR DE L'ACADÉMIE DE PARIS

A L'AUTEUR

de

L'ÉDUCATION DES FEMMES PAR LES FEMMES

Je dédie respectueusement

ce petit livre, dont il a encouragé les tendances

HUGUES LE ROUX.

A

M. OCTAVE GRÉARD

DE L'ACADÉMIE FRANÇAISE
VICE-RECTEUR DE L'ACADÉMIE DE PARIS

A L'AUTEUR

de

L'ÉDUCATION DES FEMMES PAR LES FEMMES

Je dédie respectueusement
ce petit livre, dont il a encouragé les tendances

HUGUES LE ROUX.

NOS FILLES

CHAPITRE PREMIER

LA CRISE DU MARIAGE

Les lecteurs bienveillants des causeries, où ensemble nous philosophions sur la prochaine destinée de nos fils[1] ne seront pas surpris que la logique de mon sujet me conduise aujourd'hui à leur parler de nos filles.

L'examen des difficultés économiques où nous sommes arrêtés mène à cette conclusion :

— Il faut créer une France au dehors.

1. *Nos Fils, que feront-ils?* (Chez Calmann Lévy.

Un jour prochain, je compte rechercher par quels efforts pratiques cette œuvre pourrait être préparée. Nos filles y ont leur place marquée à côté de nos fils. Nous expatrierons inutilement des jeunes gens d'élite tant que nous n'aurons pas formé des femmes capables de les assister, des femmes qui referont pour eux la patrie, et, au loin, seront les gardiennes de nos chères traditions.

Ces jeunes filles-là existent-elles?

Supposez que nous ayons créé le garçon d'initiative, de bon sens pratique dont je vous parlais naguère, ce fils qui, en travaillant à son propre bonheur, rendrait à la France le rang qu'elle a perdu dans le monde. Au moment de s'embarquer, trouvera-t-il une compagne prête à le suivre? La jeune fille d'aujourd'hui est-elle digne que l'on noue avec elle de longues fiançailles? que l'on emporte à l'autre bout du monde son image toute pure? que l'on lutte, pendant des années de jeunesse, pour lui créer le foyer, dont, un jour, elle sera la joie et la lumière?

On comprendra que, en un aussi vaste sujet, je me limite. Je m'occuperai dans ce petit livre des filles de bourgeoisie qui ont une dot, qui furent élevées dans la certitude que, entre la dix-huitième et la vingtième année, un ou plusieurs hommes de leur monde solliciteraient leur main. A mon grand regret, je laisse de côté les jeunes filles de la bourgeoisie ruinée, celles qui sont obligées de renoncer au mariage et qui demandent le pain quotidien à des travaux ingénieux et précaires. Si dignes qu'elles soient d'attention, leur aventure peut encore être considérée comme exceptionnelle. Elles font songer à ces jeunes filles de noblesse, tombées dans la gêne, qui préfèrent le célibat, toute l'étroitesse de la pauvreté, à la mésalliance. Même le cas des nôtres est plus touchant, car c'est la délicatesse, non l'orgueil qui en fait le fond. En effet, s'il n'y a pas de réelle différence entre un homme de tiers-état bien élevé et un noble, — entre les filles qui ont de l'éducation et un rustre, il y a un abîme. On agit honorablement en préférant le travail aux facilités d'une telle union.

D'autre part, je me préoccupe de me mettre à l'abri de ce reproche :

— Vous ne nous parlez que des jeunes filles parisiennes...

Ce n'est pas la faute de ceux qui sont les historiens de nos mœurs si Paris, les habitudes de Paris, les audaces de Paris, tiennent tant de place dans nos préoccupations. C'est déjà quelque chose — dans cette halle qu'est aujourd'hui notre société — de distinguer les françaises des étrangères et de ne pas imputer aux nôtres les excentricités, voire les licences « d'en face ».

A un certain degré de culture et de fortune, Paris apparaît aux Français comme la fin de toutes les aspirations et de tous les efforts. Si nos jeunes provinciales épousent des fonctionnaires, Paris sera le but de leur ambition; mariées à des commerçants, à de riches industriels, elles auront pour idéal de louer à Paris un pied-à-terre, où, tous les ans, à l'époque de la « saison », elles viendront passer quelques semaines. Moins fortunées, elles se contenteront de courts séjours à l'hôtel, — le temps de commander, d'essayer chez le couturier et chez la modiste, d'entendre, dans les grands et petits théâtres, les pièces qui ont du succès. Plus modestes encore, elles s'abonneront à des journaux de mode, elles liront des romans parisiens, les catalogues des grandes maisons de nouveautés... La France provinciale n'est qu'un orchestre que Paris mène du bout de son archet.

Je mets tout à fait en dehors de ces observations, d'une part, notre noblesse, de l'autre, cette bourgeoisie commerçante fraîchement sortie du peuple. J'ai en vue la bourgeoisie qui exerce des professions libérales, qui vit dans le monde des affaires, qui spécule sur la matière première, qui ne touche pas à la « marchandise ouvrée ». Ce sont les fonctionnaires, les magistrats, les financiers, les banquiers, les industriels, les grands négociants, les armateurs, etc., le milieu où c'est une tare pour un homme de n'exercer aucune profession, de se contenter de la fréquentation des clubs ou du passe-temps de la chasse.

Pour cette infime catégorie de bourgeoisie qui s'efforce d'imiter une certaine noblesse dans ses habitudes d'oisiveté masculine, il n'y a pas à s'occuper d'elle. Elle n'a pas de rôle dans l'État, pas d'avenir; elle s'élimine d'elle-même.

Jadis, il y avait pour les filles de noblesse dont aujourd'hui nos jeunes bourgeoises tiennent la place dans la hiérarchie sociale, une autre solution que le mariage : c'était le couvent. Nous savons du reste que la vocation n'était pas nécessaire pour conduire une fille de bonne maison à prendre le voile. Vous souvenez-vous de cette Marie-Blanche, la petite-fille de madame de Sévigné, que l'on enferma à la Visitation d'Aix, dès cinq ans et demi, et que sa grand'mère pleura vivante dans des lettres exquises? Madame de Sévigné se résigna pourtant ;

elle le savait : le train que réclamait le gouvernement de Provence avait entamé l'aisance de M. de Grignan. Avant tout, il fallait assurer l'avenir de l'héritier du nom. Dans cette nécessité, la sœur de Marie-Blanche, l'infortunée « Paulinotte », l'échappa belle : un moment l'ombre de la cornette descendit sur sa jeunesse, attrista son sourire et ses jeux.

C'était une aventure commune. La société royale, hypocrite et bien policée, se refusait à l'attristant spectacle du célibat involontaire. Un prédicateur du temps osa dire que les filles pas mariées qui restent dans le monde y sont des « objets de scandale, un obstacle aux bonnes mœurs ». Et, comme le principe d'autorité était triomphant, la société amputait sans pitié les libres rameaux qui gênaient l'ordonnance de ses perspectives.

Bien qu'il soit malaisé de produire ici des statistiques, nous le savons de source certaine : le même mouvement qui, à cette heure, porte tant d'hommes vers les séminaires, peuple aussi les couvents féminins de sincères vocations. Il ne faut pas s'en étonner. Les mêmes causes ramènent les mêmes effets. Quand les mœurs deviennent trop brutales, quand les forts sont trop arrogants, quand les faibles sont trop écrasés, quand la grossièreté de l'instinct est trop victorieuse, les âmes tendres abandonnent la partie, elles vont au refuge. Or, ceci est bien caractéristique du mouvement moderne qui pousse tant de jeunes filles à se couvrir du voile : autour de nous une seule vertu s'est supérieurement éduquée, la religion de la souffrance humaine. Cependant, ce n'est pas vers les ordres hospitaliers, vers ceux dont l'idéal de charité rêve le soulagement des malades et des pauvres que le mouvement se dessine. Il profite aux maisons purement mystiques. Les jeunes filles qui aujourd'hui rompent avec le monde ont le dégoût de l'humanité. Elles la méprisent jusque dans sa douleur. C'est vers Dieu seul qu'elles se rejettent.

Je suis de ceux qui regrettent pour la race cette désaffection des âmes d'élite : « Les couvents se multiplient assez d'eux-mêmes, disait le Père La Chaise au commencement du XVIIIe siècle; il faut donner à l'État des femmes bien élevées. Il y a assez de bonnes religieuses, et pas assez de bonnes mères de famille. »

La recrudescence de ces vocations monacales n'est pas encore menaçante. L'avenir des jeunes filles de bourgeoisie, tous les jours plus nombreuses, qui ne trouvent pas à se marier, et qui, cependant, persistent à vivre dans le monde, est, pour la famille, pour la société française une inquiétude autrement grave. Ici, encore, on ne peut produire de chiffres. Il n'y a pas de statistique spéciale de cette particulière catégorie : « les jeunes filles à marier qui ont une dot bourgeoise ». Mais ouvrez les yeux et les oreilles.

Les salons que vous fréquentez, les plages où vous passez l'été sont peuplés de jeunes filles dont les parents vivent dans l'aisance. Ces enfants n'ont ni plus ni moins de charme que leurs sœurs aînées, et pourtant, elles ne trouvent point de maris. Causez avec les pères et les mères, ils vous diront, très chagrins :

— Notre fille est intelligente, instruite; elle est bonne musicienne; elle peint un peu; elle est gentille, elle a de l'esprit, elle a du cœur; sa dot est fort honnête, — et pourtant nous ne la marions pas. Ce n'est pas à dire qu'elle soit trop difficile, elle n'a pas découragé par des refus successifs les jeunes gens qui, l'été, jouent au tennis avec elle, et, l'hiver, la font danser. Aucun parti ne se présente... Nombre de ses amies sont dans le même cas. Qu'est-ce que cela signifie? Faudra-t-il promener sur les chemins des affiches avec cette légende : « Demoiselle à marier » et, au-dessous, le chiffre de la dot en gros caractères?

On sourit encore en faisant allusion à ces inquiétudes. C'est une contenance. Dans les insomnies, quand un hasard offre au père et à la mère l'occasion d'un tête-à-tête un peu long, ils se consultent, ils s'attristent. Cette question que jamais ils ne s'étaient posée : « Est-ce que vraiment notre fille ne se mariera pas? » s'installe dans leurs préoccupations. Elle en provoque une autre, toute voisine, encore plus douloureuse :

— Alors, que deviendra-t-elle?

Ces parents sont à plaindre. Hier ils se demandaient :

— Que fera notre fils?

Aujourd'hui :

— Que deviendra notre fille!

Et ils ne s'aperçoivent pas encore que le problème est unique, qu'une de ces questions provoque l'autre comme une réponse, ils refusent de voir qu'eux-mêmes ont préparé une victime en créant un égoïste!

Il reste ceci : tout mal éduqué et maladroitement préparé à la lutte qu'il est, notre fils, par un acte de décision personnelle, un effort individuel de courage, pourrait changer la face de sa vie et faire un homme avec le « Fils à

Papa ». Que peut la jeune fille? Quelle initiative lui souhaiterons-nous, lui permettrons-nous? Par quel conseil de la dernière heure la protégerons-nous contre son cœur et contre le monde? Quel droit une société qui met dans la circulation des divorcées, très décidées à jouir de leur liberté ou candidates très hardies à de nouveaux mariages, quel droit une telle société, qui ne peut soutenir le mensonge de l'amour de Dieu comme un emploi suffisant à nourrir l'appétit des cœurs, a-t-elle d'interdire aux filles libres cette disposition d'elles-mêmes, que notre prédicateur appelait « un scandale exceptionnel, un obstacle aux bonnes mœurs »?

Ce sont là des questions qui méritent réflexion.

J'apporte ici la mienne, telle que je l'ai formée après des entretiens avec des pères et des mères de famille, avec des jeunes gens et des jeunes filles sincères, avec des notaires, des magistrats, des hommes de loi — toutes personnes qui s'obstinent à croire que le mariage n'est pas une expérience usée, et qu'à cette heure l'arbre donne des fruits amers seulement parce qu'il est mal greffé.

II

LA DOT

Il y a trois manières de marier les filles :

L'épouseur les achète au père;

L'épouseur les prend sans dot;

L'épouseur demande une dot au père.

La première de ces trois solutions passe chez nous pour une monstruosité :

— Acheter sa femme! Comme une terre?... Comme un cheval?... Comme une esclave? Voilà bien des mœurs de

Turc! Que devient la dignité de créatures que l'on traite en bétail? Le mépris de l'Orient pour la femme se révèle tout entier dans une pareille coutume...

La tendresse que j'ai pour l'Islam, une certaine facilité à ne pas trouver stupides des usages qui vont, tout justement, à l'encontre des nôtres, m'auraient peut-être empêché de donner là-dessus mon sentiment tout vif; mais j'ai eu l'occasion d'en entendre l'expression dans la bouche d'une femme écrivain[1] que sa rare solidité de pensée met au-dessus du soupçon de fantaisie paradoxale :

— Je trouve plaisantes, me disait-elle, les femmes qui poussent de hauts cris

1. Madame Arvède Barine.

à la seule pensée qu'elles pourraient bien être achetées à leurs parents par les hommes qui les épousent. A tout prendre, une telle coutume est, pour l'amour-propre féminin, plus flatteuse que nos mœurs. Chez nous, un père ne parvient pas à se défaire d'une fille si, à tous les mérites qu'elle a, il n'ajoute une bonne somme d'argent...

Cette solution serait, il va de soi, la plus séduisante :

Si l'on pouvait tout à fait séparer la question d'argent de la question d'amour.

Les Norvégiens — entre autres idéalistes septentrionaux — l'ont essayé. On m'excusera de citer souvent en exemple, ce petit peuple à peu près comme Rousseau et ses contemporains en usaient pour la Suisse. Ces étroites Républiques sont des laboratoires. On y distille scientifiquement les nouveautés qui, un jour, pour le reste du monde, seront des remèdes ou du poison.

On ne trouverait pas dans les recueils de la sagesse norvégienne un proverbe qui réponde à cet axiome où le peuple de chez nous a donné, avec un sourire, la preuve de son bon sens :

— On ne vit pas d'amour et d'eau fraîche.

— Plus on est de bouches pour manger, répond le Norvégien, plus on est de bouches pour prier.

Et dans sa confiance mystique, celui-là n'hésite pas à fonder une famille. Il est placé dans des conditions exceptionnelles pour tenter l'expérience. Son goût, encore enfantin, ne lui fait pas une nécessité des excitations du luxe. Sa pauvreté héréditaire lui a donné l'endurance. S'il vit sur les navires, le long de la côte déserte de l'Ouest, il pourra, presque sans argent, réaliser son idéal de bonheur. Mais s'il vient habiter la ville, comment l'aventure tournera-t-elle?

Ce n'est pas moi, c'est toute la littérature du Nord qui répond.

Ibsen, Bjœrnson, sont pleins d'histoires de dettes, d'embarras d'argent, qui, après d'heureux commencements, ruinent la paix des familles. Le Suédois Strindberg a écrit, dans son volume des *Mariés*, une nouvelle charmante où, une fois pour toutes sont condamnées ces généreuses imprudences. Dès que l'homme sort de la solitude et prétend jouir de la vie sociale, le mariage ne peut plus être conclu sans cortège d'argent.

Cet argent est devenu chez nous la substance même du mariage. La dot — qui devrait être un moyen de faciliter l'union — apparaît à la majorité des épouseurs comme le but de l'institution conjugale. Le principe de la dot reposait sur cette idée, raisonnable comme toutes nos coutumes : « Au moment où le jeune homme se marie, son travail ne produit pas encore de quoi soutenir un état de maison. Il est juste que la jeune fille (elle, ne travaille pas) apporte en rente un bien-être à peu près égal au revenu qui entre dans le ménage par le fait du mari. »

Or, pour des raisons qui tiennent surtout à l'incapacité du jeune bourgeois, cette harmonie est depuis longtemps détruite. Nos fils, en renonçant à la vie de plaisir, font, paraît-il, un si grand sacrifice qu'ils veulent qu'on leur en tienne compte au seuil du mariage.

D'autre part, l'infirmité des initiatives, la médiocrité des traitements de fonctionnaires, limitent si fort les revenus que ces jeunes gens sont réduits en effet à demander aux dots de leurs femmes presque toutes les ressources du ménage.

— Voilà assez longtemps, dit le jeune premier du Théâtre-Libre, dans l'antichambre de son futur beau-père, en enfilant ses gants gris perle, voilà assez longtemps que j'entretiens des femmes :

il est juste que la mienne me fasse vivre à mon tour !

Celui-là est un cynique. Encore y a-t-il dans son fait un peu de bravade. Il dit ces vilaines choses, tout haut, pour épouvanter « le bourgeois ». Son âme est moins noire, mais, sûrement, son fonds est un instinct pratique qui laisse peu de place aux surprises du romanesque.

Un de nos magistrats les plus connus, lequel est fort homme de bien, me disait naguère :

— J'ai un neveu que j'aime... C'est un garçon très distingué, plein de droiture. Il a du cœur. Je voudrais le marier. Je lui parlais hier d'une jeune fille vraiment délicieuse. Et je lui disais : « Les parents sont disposés à t'accueillir. Pour elle, tu ne pourrais la voir sans être séduit. » Il m'a répondu — et d'un ton qui ne souffrait pas de réplique : « — Mon cher oncle, ne prenez pas tant de peine... Je ne *partirai* qu'à quinze mille livres de rente. »

Si les parents qui lisent ces lignes s'indignent d'apprendre que les épouseurs ne *partiront* plus, tant qu'on n'aura pas hissé le gros chiffre, ils ont tort. Ce garçon pratique, — n'oubliez pas qu'il est gentil, qu'il a du cœur — est le camarade de leur fils. Il a recueilli, dans la maison de ses parents, des conseils identiques à ceux qu'eux-mêmes donnent à leur héritier présomptif. Ce garçon-là sait ce qu'il vaut ; avec les sûretés que garantissent sa situation de fonctionnaire, la certitude de la retraite, on le préférera au candidat, plus audacieux que lui, qui tente les risques de la bataille commerciale.

— Jamais, m'ont dit les différents notaires que j'ai visités à propos de cette enquête, les officiers bien élevés n'ont fait d'aussi beaux mariages. Le lieutenant — surtout s'il est titré — est un article qui n'a pas de prix. Vous croyez deviner les raisons de cette exceptionnelle faveur ?... Sans doute, il y a le prestige de l'uniforme (encore que les officiers distingués ne le portent guère hors du service). Il y a aussi (c'est un motif plus intéressant pour la race), la belle tournure et la bonne santé de ces jeunes gens. Les pères de famille se disent ensuite que la tutelle exercée par les supérieurs hiérarchiques est une autre sûreté qui a son prix. L'officier ne peut ouvertement mal vivre ou se montrer grand joueur sans nuire à son avancement. Mais le vrai motif de l'engouement dont bénéficie l'officier, *c'est qu'il n'est pas un homme d'affaires;* c'est qu'il n'expose pas dans un négoce quelconque la dot qu'on lui confie. Nos pères de famille ont peu de confiance dans les aptitudes commerciales de leurs fils et de leurs gendres : ils préfèrent donner leurs filles à un fonctionnaire étroitement surveillé plutôt qu'à un travailleur intelligent et libre.

Une telle pratique nous apparaît comme très voisine de l'égoïsme des gens de noblesse qui, sur le seuil de la Révolution, disaient : « Après nous, le déluge ! »

Le mariage avec l'officier (ou avec le fonctionnaire) ne réussit qu'à reculer les difficultés d'une génération.

Dans vingt ans d'ici, nous serons de ce monde et nous verrons le problème se poser, à propos de notre petite-fille, avec une brutalité qui n'aura plus de remède. Car, à supposer que l'officier, le fonctionnaire, n'aient pas diminué par des spéculations malheureuses la dot de notre fille, — en admettant même que des héritages bien échelonnés aient compensé l'abaissement annuel du loyer de l'argent, comment notre gendre mariera-t-il ses nombreux enfants ? Il faut prévoir que sa bonne santé aura servi à quelque chose et que, dans l'ennui des villes de garnison, cet homme sain et solide aura pu consacrer plus d'heures qu'un autre à l'intimité domestique.

J'admets qu'au moment du mariage il avantage ses filles ; quand ses fils appauvris iront à leur tour demander la main de la demoiselle d'en face, ils deviendront plus exigeants. Alors, c'est celle-là qui ne se mariera pas ?... J'ai remarqué que les égoïstes sont d'incorrigibles optimistes : ils espèrent toujours que le voisin ne sera pas si intéressé qu'eux, qu'il aura plus d'amour de son prochain, de la justice, plus de générosité, moins de besoins...

Ce rêve est commode : plus d'une fois déjà il a fini dans le cauchemar des révolutions.

Ce que l'on aperçoit à première vue

au bout de cette crise du mariage, c'est la suppression de la dot.

On y viendra sans lois, sans décrets, sans coups de force, malgré les récriminations, par la nécessité des choses. C'est une folie de croire que cette réforme entraînera avec soi l'institution du mariage. Il serait plus juste de dire qu'elle détrônera définitivement la bourgeoisie riche si celle-ci ne se reprend pas, si elle continue de préférer le luxe au bonheur, et à s'effrayer du vrai travail, honteusement. Disons mieux : ce sera la fin du mariage tel qu'aujourd'hui souvent on le conclut d'une union mal assortie où, par le versement d'une grosse dot, des héritières prétendent acheter le droit à toutes les libertés ; — où l'homme, après avoir conclu un tel engagement — (à peu près comme le nihiliste épousait une étudiante pour l'affranchir de l'autorité paternelle, sans aucune prétention à user jamais de ses droits conjugaux), — s'abaisse, après le mariage, jusqu'à exercer, à l'endroit de sa femme, un véritable chantage, et, ouvertement ou non, au poids de l'or, lui vend la complaisance, la liberté des caprices.

Voilà le mariage qui ne se fera plus. Nul ne le regrettera : ni les malheureuses qui entraient dans ce contrat de duperie, ni les honnêtes gens qui commencent à être las de le voir s'étaler dans les livres et sur le théâtre comme l'exemplaire typique du mariage français.

Dans tout ce que nous observons autour de nous, les femmes m'apparaissent comme des victimes, non pas parce qu'on leur refuse le droit de passer des bras d'un homme dans les bras d'un autre ; mais parce que, vraiment, de moins en moins nous formons des hommes qui soient dignes d'être « uniquement » aimés. Ce serait une hypocrisie et une lâcheté de faire le procès des jeunes filles sans rappeler d'abord que, plus que quiconque, elles subissent les mœurs de leur temps. Dans la passivité de l'attente aussi bien que dans les fâcheuses audaces, elles ne sont qu'un reflet de la société qui les a créées.

Il y a, dans la crise actuelle du mariage, des difficultés qui viennent de l'état social tout entier : on les connaît en gros et je les écarte. Il y en a qui viennent des épouseurs : nous les avons pressenties dans les conclusions de notre volume sur l'éducation de nos fils. Il y en a qui viennent des jeunes filles elles-mêmes : elles ont leur source dans l'éducation, dans l'instruction, dans la santé, dans les tendances. Voilà ce qui nous intéresse, car, si un changement dans les mœurs publiques peut — pour modifier le mariage — plus sûrement que des réformes de programmes, les jeunes filles contemporaines ont une part de responsabilité dans l'indifférence que les épouseurs marquent pour elles...

Je voudrais les éclairer là-dessus, sans crainte de leur déplaire, sûr que je les aime.

III

LE LUXE ET LA JEUNE FILLE

S'il vous arrive de dire dans une assemblée :

— Le luxe nous est devenu aussi nécessaire que le pain...

Il se trouvera quelqu'un pour répondre :

— Êtes-vous sûr que ce soit un besoin nouveau ? L'histoire des civilisations nous apprend que, de tout temps, le luxe a été la fin suprême des convoitises.

Je veux seulement dire que la concurrence effrénée pour le luxe est l'inévitable cancer d'une société bourgeoise. Le luxe, c'est l'argent qui se montre, et, dans un temps où le « nom » n'est plus un privilège dont on vit, l' « argent », quoi qu'on fasse, devient la mesure de la considération. Le mot est impropre : c'est crédit qu'il faut dire, crédit d'affaires, crédit mondain, crédit moral... C'est le crédit qu'on poursuit, c'est le crédit qu'il faut saisir et conserver coûte que coûte. Dans cette nécessité, il n'est pas rare que le luxe soit, pour ceux qui en portent la livrée, moins une jouissance qu'une charge. Des gens de bourgeoisie font, pour soutenir ce luxe obligatoire, les mêmes sacrifices qu'une noblesse peu fortunée consentait autrefois à son nom.

J'entretenais, ces jours-ci, une jeune fille de ces pensées sévères.

Je lui demandais :

— A vous aussi, est-ce qu'il vous faudra un hôtel, un coupé, dix robes par saison et, dans le recueil des adresses mondaines, le petit signe qui veut dire « château » pour être heureuse?

Elle m'a répondu avec beaucoup de calme :

— Cela dépendra, vous comprenez, des occupations de mon mari... Je ne suis pas vaniteuse, mais, si nous avons besoin du crédit public, il faudra bien faire comme les autres. Que de fois j'ai entendu mon père dire à ma mère au moment où elle partait pour le bal : « Comment! une robe nouvelle? La dernière qu'on vous a faite était encore fraîche ! » Dans ce cas-là, ma mère hausse les épaules et répond : « Mon pauvre ami, il n'est pas besoin qu'une robe soit défraîchie pour qu'on la change... J'ai porté celle-ci quatre fois... toutes nos amies l'ont vue et remarquée... elles la reconnaîtront l'année prochaine si je la rapporte maquillée, remise au goût du jour. Elles ne manqueraient pas de chuchoter : « Tiens ! tiens !... Qu'est-ce » qui se passe donc chez les T... ? » Cela porterait atteinte à votre crédit. Je ne veux pas vous faire tort. »

Interrogez les couturiers, ils parlent la même langue.

Il y en a de célèbres qui, au début de chaque saison, produisent régulièrement trois modèles : la robe de ville, la robe d'intérieur, la robe du soir. Ils vous content que, autrefois, les clientes, assez riches pour se fournir chez eux, commandaient régulièrement la série des trois toilettes. Si la Française, la Parisienne, marquait un goût pour une élégance particulière, c'était surtout dans « sa maison » qu'elle voulait se parer.

Tout cela est changé. Une clientèle nouvelle et nombreuse ne demande que « la toilette de rue ». Le luxe de la femme dans les endroits publics s'est fait une réclame promenée, l'affiche vivante du crédit du mari. Les nouvelles venues, qui aspirent à entrer dans le monde, commencent par se montrer dans les endroits élégants, concours hippiques, sermons, ventes de charité, expositions, etc., avec des toilettes qui ont « un bon chic ». Déjà elles portent la livrée d'élégance qui les rapproche de celles à qui elles souhaitent se mêler. Quand on sera habitué à les voir régulièrement bien mises, quand on sera sûr qu'elles ne dépareront pas, par trop de simplicité ou des ajustements maladroits, des ensembles élégants, on les invitera à quelques bals, et elles pourront se commander chez le grand couturier la « toilette du soir ». Si elles sont persévérantes, un jour, la « toilette d'après midi » leur deviendra nécessaire : alors seulement elles pourront se vanter d'avoir conquis le monde.

Vous entendez bien qu'une femme qui montre tant de zèle à soutenir par l'étalage de ses toilettes le crédit de son mari fait un effort dont elle ne souffre pas. « Les femmes, dit La Rochefoucauld, peuvent moins surmonter leur coquetterie que leurs passions. » Et ce jour-là, par « coquetterie » il entend la folie ruineuse des ajustements.

Jamais cette nécessité de paraître n'est, m'assure-t-on, aussi indispensable qu'à la minute où le père et la mère de famille se proposent de marier leur fille. J'emprunte ce renseignement à un moraliste dont les ouvrages, peu connus du grand public, sont répandus à profusion dans les mains des jeunes filles qui sortent du couvent. Ils me paraissent d'excellents miroirs de nos mœurs matrimoniales.

M. l'abbé Bolo, vicaire général, dont le livre sur les jeunes filles vient d'atteindre son neuvième mille, feint de publier, avec de légères retouches, le journal d'une de ces jeunes mondaines qu'il a si souvent confessées. A supposer que, dans cet artifice littéraire, il y ait un peu de tricherie, le ton est trop juste, les idées exprimées sont trop particulières, pour qu'on hésite sur leur origine. Ce n'est pas une rêverie de prêtre à propos de l'état d'esprit des vierges mondaines, qu'on nous apporte, c'est de l'expérience de directeur, vivante et toute contemporaine.

La jeune héroïne de M. l'abbé Bolo est à la veille du mariage. Elle écrit dans son journal :

« Je ne sais pas ce que va être mon bal blanc. Il va falloir dépenser un argent fou, parce qu'il est de toute nécessité d'enfoncer les H..., qui se sont mis eux-mêmes aux économies pour deux ans, en cherchant à éblouir leurs amis. J'ai entendu quelques mots de discussion entre mes parents à ce sujet. Père disait que, à ce train-là, le cotillon tout seul allait coûter plus cher qu'un mois à la campagne. Maman a répliqué : « Il » faut pourtant bien qu'elle se marie ! » Enfin, tous les détails sont maintenant arrêtés, tous les prix débattus. Grâce à la tailleuse, je vais être, dans le journal de lundi prochain, « la toute ravissante » ou « la toute gracieuse » mademoiselle Une Telle. Comme nous allons « enfoncer » les H... ! »

Quel mari cette pauvre enfant pourra-t-elle « pêcher » — le mot est d'elle — dans le grouillement d'habits noirs que ce bal blanc attire comme le sucre fait pour les mouches ?

Une fille, dressée comme celle-ci à l'estime du luxe, ne rencontrera pas, dans une telle assistance, le brave garçon qui, lui, peut-être, aurait mis en elle son rêve de bonheur. Les sourires de cette folle iront aux jeunes gens « chics », bien mis, désœuvrés, qu'elle rencontre dans les lieux de plaisir où elle fréquente, sur les plages d'août, dans les villégiatures de septembre, et qui, pour la plupart, sont plus occupés de ses amies déjà mariées que d'elle-même.

Comme elle serait déçue, la pauvre

petite, si elle prêtait un peu l'oreille aux propos que ces professionnels échangent entre soi, dans les portes !

On m'a conté cette anecdote vraiment parisienne :

Un « jeune », très dédaigneux, suprêmement chic, regardait danser une charmante jeune fille que la grâce de son plaisir faisait provocante.

Il dit à son voisin :

— Je donnerais bien vingt-cinq louis pour passer avec cette petite une heure en tête à tête.

La jeune fille entendit le propos ; elle répondit du tac au tac :

— Et papa donnera cinq cent mille francs à celui qui passera toute sa vie avec moi...

Le « jeune » tourna les talons. Il avait d'autres exigences !

Cette jeune fille trop moderne ne lui en aura pas voulu. Tous les deux, ils savent compter et si le « jeune » n'a d'autre dot que son chic et son insolence, « elle » comprend bien que cinq cent mille francs ne suffisent pas pour « monter un ménage ». Si son pauvre cœur gâté garde malgré tout de la tendresse pour ce don Juan, elle se consolera, avec ce soupir que j'ai eu l'effroi de recueillir — comme un dicton de sagesse courante — sur d'autres lèvres de jeunes filles :

— On n'épouse pas celui qu'on aime !

Qui donc épouse-t-on, alors ?

Celui qui donnera le luxe.

Quel qu'il soit, taré dans les siens ou dans lui-même, dans son corps ou dans son esprit. Car — c'est une autre jeune fille qui parle — quand on apprend le mariage d'une amie, on ne demande plus :

— Est-elle heureuse ?

Mais :

— Est-elle bien installée ?

« Installée ! » Le voilà, le mot terrible, contemporain, le mot d'une génération inquiète qui ne peut plus se passer des excitations ni des caresses du luxe, qui lui sacrifie tout, sa dignité, ses chances de bonheur, ses dégoûts. Il s'agit d'avoir un hôtel luxueux, des tapis profonds, un coupé bien souple, une loge à l'Opéra, des dîners fins, des toilettes, des invitations, des réceptions, de la sécurité d'argent et de bien-être pour toute la vie. Cela peut bien se payer de quelques rebuts? D'ailleurs, n'est-il pas là, tout près, dans la coulisse, « celui qu'on aime et qu'on n'épouse pas » ?

Telles sont les mœurs que nous tous, romanciers contemporains, nous dépeignons, vantons, commentons, mettons à la mode, comme la fin naturelle du mariage, comme l'appropriation logique de cet archaïque contrat aux nécessités de notre temps. La demi-mondaine aura dix bailleurs de fonds et un « amant de cœur ». Les mondaines dont je parle — si elles sont honnêtes — auront dix « amants de cœur » et un seul bailleur de fonds. Voilà la différence principale que l'on aperçoit entre certains mariages parisiens et le libre commerce des alcôves.

— Nous ne voyons plus, disent les notaires, que des mariages de pur argent (deux grosses dots qui s'allient), ou des mariages de pur amour (une héritière qui s'éprend d'un beau cavalier, un homme de cœur qui épouse, par inclination, une fille sans dot). Le *mariage de convenance*, l'article courant d'autrefois, le type du mariage français, est en baisse, en attendant qu'il disparaisse.

Il fallait s'y attendre. L'association des grands capitaux procurera une somme de bien-être, des satisfactions de luxe, en échange desquelles deux indifférents consentiront toujours à s'unir. De même l'amour — alors même qu'il existerait d'un seul côté — donnera toujours assez de force à celui qui aime pour supporter la vie de chaque jour, faire du bonheur avec des difficultés, voire des privations. Mais ce qui devient insupportable, c'est un mariage où il n'y a ni argent, ni amour. Ni argent? Qu'est-ce, s'il vous plaît, que la rente d'une dot de cent mille francs? Ni amour? Le sens individuel, l'esprit critique est aujourd'hui trop éveillé chez les femmes pour qu'elles se trompent sur leurs véritables sentiments, et les mœurs sont trop complaisantes pour qu'elles ne profitent pas largement de la tolérance.

Dans ma jeunesse, les jeunes filles que leurs pères conduisaient au bal dans leur voiture à elle, dans ce faux coupé que l'on nomme un « trois-quarts » et que l'on attelle avec un bon gros cheval hollandais, joufflu, lymphatique, lippu comme un tapir, étaient considérées comme des héritières. Les jeunes filles qui vont en fiacre les regardaient passer avec cette nuance d'envie que les fleurs traînées en roulotte par les rues de Paris doivent éprouver pour les roses et les délicats lilas que de riches horticulteurs amènent aux halles dans des voitures à glaces.

Eh bien, les rôles sont en train de changer au profit des fleurs modestes, celles qui n'ont pas poussé dans la tiédeur luxueuse des serres.

Ce père de famille qui a cent mille francs de rente et deux filles à marier ne trouvera pas de gendres. Les demoiselles qui vont en trois-quarts ne se marieront plus. Le « jeune », si chic, qui a un monocle, les traite familièrement de « demi-castors ». Le brave garçon qui, au lendemain du mariage, serait obligé de les faire rompre avec leurs relations, leurs habitudes d'autrefois, n'osera pas risquer une telle aventure, exposer leurs bonnes volontés de tendresse à un si rude sacrifice.

Elles resteront filles.

Comme je voudrais être sûr que leur déception ne sera pas de la souffrance perdue, et que leurs sœurs plus jeunes, instruites par ce mélancolique destin, comprendront que le pire ennemi des jeunes filles, c'est le luxe !

IV

L'INSTRUCTION

Que les épouseurs soient effrayés par la jeune fille qui vit pour le luxe et pour « le chic », cela est rationnel. Ceci est plus mélancolique : la jeune fille sérieuse, bien élevée, instruite selon la formule moderne, est un autre objet d'inquiétude pour les hommes de notre génération.

« Signalez, — m'écrit un notaire parisien, dont la clientèle est toute bourgeoise, — signalez le progrès dans l'instruction des jeunes filles comme une cause de retard dans les mariages, et parfois comme un obstacle. »

Nous avons constaté que le mariage de convenance devenait plus rare tous les jours, que nous vivions sous le régime des unions de pur argent ou de libre choix. Le premier effet de l'instruction supérieure que nous avons donnée à nos filles est de les rendre difficiles dans leurs choix, quand l'argent leur donne la possibilité de préférer et d'écarter.

— Plus difficiles que leurs mères et que leurs grands'mères ? Est-ce bien sûr ? Qui vous l'a dit ?

M. Scribe et ses collaborateurs. Le théâtre est un miroir des mœurs beaucoup plus fidèle que le roman. Dans ce tête-à-tête de conversation qu'est la lecture d'un livre, vous pouvez prêcher ce que vous voulez, insinuer ce qui vous plaît; vous avez affaire à un isolé et l'isolé est toujours un sujet plus ou moins romanesque, voire inconsciemment anarchiste.

Au théâtre, c'est à « l'homme social » que l'on s'adresse, à un spectateur conservateur des lois, des usages, des conventions qui lui assurent l'inestimable profit de la vie en commun. Si donc nous demandons au théâtre comment se mariaient nos aïeules, il nous répondra avec exactitude:

— Beaucoup plus tôt que les jeunes filles d'aujourd'hui ; non pas seulement parce que leur santé était meilleure, mais parce que les parents savaient qu'une jeune fille de dix-sept ou dix-huit ans est plus facile à guider qu'une demoiselle majeure. Si, d'aventure, cette ingénue faisait obstacle à la volonté de ses parents, ses préférences n'étaient pas déterminées par les qualités intellectuelles ou morales du héros de son choix. Elle était séduite, en vraie jeune fille « par les yeux » ; elle allait à la beauté, à la grâce, à la force. Tous les jeunes premiers, depuis Molière, sont « bien faits ». Cela suffit. Le naïf amour des jeunes filles d'autrefois était vraiment un instinct, jamais un acte de réflexion.

Cet instinct donnait à la jeune mariée un maître, tantôt tendre, tantôt fâcheux, auquel elle obéissait par affection ou qu'elle supportait par devoir. La supériorité intellectuelle de l'homme, son droit, n'étaient pas alors une matière perpétuelle de discussion. On était d'avis qu'une communauté doit avoir un chef; il semblait logique que l'homme fût ce chef-là.

Instruite comme elle est, la jeune fille moderne ne veut plus entendre parler de chef ni de maître. Elle veut un « compagnon ». Quand elle est sage, elle ne refuse pas d'obéir, si on lui fournit de bonnes raisons. Elle cède parce qu'on la persuade, et non parce qu'elle est la femme et que le mari est le mari. Elle a le sentiment très net des droits que lui donne sa culture; elle n'est pas éloignée de se considérer comme supérieure à l'homme ; et, il faut l'avouer, dans bien des cas, elle a les apparences pour elle.

Je dis souvent que je prends plus de plaisir et plus de profit dans la causerie d'une femme, la première venue, que dans la conversation d'un homme qui n'est pas supérieur. L'habitude instinctive que la femme a de tout ramener à elle-même, à ses tendresses, et, si elle est saine d'esprit et de cœur, au groupe familial où elle se meut, l'impossibilité où elle est de considérer les choses en soi, en dehors des passions, au point de vue de l'absolu, conservent à ses idées une originalité, un charme, qui font tout à fait défaut à la pensée de l'homme moyen.

Lui, il vous raconte son journal et les idées de son journal ; il a les opinions de sa catégorie sociale, les préjugés de son état, la déformation professionnelle. Il serait aussi exact de dire la « formation », car c'est tout justement cet ensemble de concessions qui fait de l'homme un citoyen, cet individu social par qui la civilisation se soutient et tous les progrès mûrissent.

Placez ces deux êtres en face l'un de l'autre, par exemple dans le milieu provincial. Quand la femme a fini d'administrer sa maison, de surveiller ses enfants, il lui reste, si elle a du sérieux dans l'esprit, un loisir pour se cultiver. Elle ouvrira le livre dont on parle, au moins une revue, où, toujours, entre deux articles d'allures graves, elle trouvera des pages romanesques, la musique des vers. Cela fournit à sa nature sentimentale l'aliment dont elle a besoin pour ne pas souffrir. Mais son plaisir est incomplet s'il faut qu'elle l'enferme en elle-même. Elle souhaite causer de ce qu'elle a lu, et, si elle est honnête, il est logique qu'elle cherche dans son mari un auditeur bienveillant, un compagnon de son plaisir. Nous connaissons tous, n'est-ce pas, cette joie de conduire devant un paysage qui nous a ravis l'être que nous aimons ? Il semble qu'il nous appartienne un peu et que nous en fassions le don dans un mouvement de tendresse. La femme en use de même avec les idées : elle ne les goûte que pour la joie de les partager.

Comment l'homme répond-il à ces avances ?

On conte que madame Geoffrin était mariée à un manufacturier à qui on pouvait faire lire trois fois de suite le premier volume des voyages du Père Labat sans qu'il s'aperçût de rien, sinon que l'auteur se répétait un peu. Ce manufacturier-là a eu beaucoup de descendants. Ils ne sont pas plus curieux de belles-lettres que leur aïeul, — mais combien moins complaisants! Quand ils ont travaillé, tout le jour, lutté contre leurs ouvriers, supporté les fatigues du bureau, enfin, porté le poids de la vie d'affaires, ils ont dépensé leur énergie dans l'action, il ne leur en reste plus au service de la spéculation intellectuelle. Ils rentrent dans leurs maisons pour y ruminer dans le bien-être. En fait de livres et de revues, la lecture du journal leur suffit; en fait de rêves, ils se contentent de suivre d'un regard incertain la fumée de leur cigare qui monte en spirales. Il faut que la femme ait au cœur beaucoup de sagesse et de véritable amour pour se dire :

— Cette lassitude doit m'être chère et je respecterai son repos, car il a peiné pour nous.

Ces paroles-là montaient facilement aux lèvres de nos mères. Les jeunes filles d'aujourd'hui ont, dit-on, une tendance à songer, devant cette digestion heureuse :

— Cet homme est lourd et inférieur à moi...

Et il le sent, l'homme, ce regard critique qui le scrute, cette curiosité intellectuelle qui le juge. Plus jeune il a fréquenté des ménages où il a expérimenté les facilités de séduction que crée l'indifférence du mari pour la culture intellectuelle de sa femme. En ce temps-là il considérait que les romans et les revues avaient du bon : ils lui faisaient la route ; mais le jour où à son tour il songe à s'établir, il estime que la curiosité d'esprit est fâcheuse; il regarde de travers les jeunes gens plus ou moins frottés de style, les psychologues, plus ou moins authentiques, qui tournent autour de sa femme et lui font la cour sur le terrain où elle est le plus fragile : la vanité de l'esprit.

Interrogez les professionnels de la

séduction, ils vous diront, s'ils sont sincères, que l'on prend les femmes du nord par les sens, les femmes du midi par le cœur et les Françaises par le cerveau. Les trois quarts des filles qui tombent dans la galanterie sont perdues par une instruction qui les déclasse. La Préfecture de police sait seule combien il y a d'institutrices parmi les malheureuses dont les noms sont inscrits sur ses registres.

Qu'est-ce à dire?

Est-ce que l'instruction corrompt la femme? Est-ce que l'ignorance est pour elle une condition de vertu?

Dans l'état actuel de nos mœurs françaises — je ne m'occupe pas des Norvégiennes — on peut répondre sans hésiter :

— Une instruction trop complète est aussi fatale à la femme que la totale ignorance.

Ceux qui, chez nous, ont travaillé à détruire l'idée religieuse dans le peuple sont stupéfaits de constater qu'ils ne sont plus maîtres de contenir les instincts qu'ils ont déchaînés. Ils se remémorent avec mélancolie le vieil adage : « Il faut de la religion pour le peuple. »

Il en faut aussi pour les femmes; or les nôtres sont en train de perdre la naïveté de leur foi depuis que l'on a déposé dans leur âme le germe de l'esprit critique.

Je crois fermement que des hommes cultivés sont capables de concevoir un idéal de vie où l'on fait le bien pour lui-même, sans espoir de récompense, sans crainte de châtiment. Dans cet effort, ils se rapprochent du Dieu que nous cherchons, qui s'appelle, à cette heure, la Vérité et la Justice, qui finira sans doute par se nommer le Bien.

Les enfants, le peuple et les femmes sont incapables de ces abstractions.

« Les femmes, — disait madame de Maintenon, qui a écrit sur l'éducation de la jeune fille des pages éternelles, — les femmes ne comprennent jamais rien qu'à demi. »

Parole profonde, et qui devrait dominer toutes les méthodes d'instruction par où l'on s'efforce de transformer le cerveau féminin pour en faire on ne sait quel équivalent de l'intelligence virile ! Quand l'abbé Jeuffrin essaye de foudroyer Bouvard et Pécuchet avec cette parole : « Beaucoup de science rapproche de Dieu, un peu de science en éloigne, » Bouvard et Pécuchet se pâment de rire.

C'est pourtant l'abbé qui a raison. La femme, « qui ne comprend rien qu'à demi », ne s'élèvera jamais jusqu'à la science « qui rapproche de Dieu », c'est-à-dire jusqu'à l'absolu de la Vérité et de la Justice. L'esprit critique, qui, pour elle comme pour tout le monde, fleurit au faîte d'une culture un peu relevée, ne produit en elle nulle semence de progrès, mais des germes de corruption. Il nous prépare des maîtresses « amusantes », il ne nous fait pas des femmes à qui nous puissions confier notre honneur dans la certitude que l'amour les empêchera de nous juger.

Et alors ?

— Alors (c'est une jeune fille à qui je viens de lire mon homélie et qui vous parle), alors vous prétendez empêcher les femmes de s'instruire, afin que les hommes demeurent impunément ignorants, égoïstes et sots ?

— Non, mademoiselle, afin que vous trouviez plus facilement un mari.

— J'aime mieux m'en passer...

— Par quoi le remplacerez-vous ?

— Je voyagerai... je lirai... Je peindrai à l'aquarelle...

— Et quand vous serez vieille ?

— Je ferai de bonnes œuvres, et j'irai à l'église.

— Vous le voyez, mademoiselle, vous finirez par la charité, par l'humilité et par l'indulgence. Est-ce qu'il ne vaudrait pas mieux commencer par là ?

V

L'ATTRAIT PHYSIQUE

Faisons comme les juges intègres qui, tour à tour, donnent à chaque partie le libre droit de s'expliquer.

Nous venons d'entendre le réquisitoire que la jeune fille moderne dresse contre le fiancé qu'on lui propose... Vous savez ce balourd qui s'endort sur son journal après les repas et tient pour article de foi cette boutade de Rousseau :

« Toute fille lettrée restera fille, lorsque les hommes seront sensés... »

Aujourd'hui, la parole est à un prétendu de trente à trente-cinq ans dont les tempes sont un peu dégarnies. Il ne grisonne pas encore et la douche, jointe aux pratiques de la salle d'armes, l'entretient dans un bon état d'entraînement. Il n'est pas oisif, ayant accepté un de ces emplois d'État qui sauvent la mise des indolents, et, un jour, vous mènent à « la croix » tout comme le génie, la brigue, ou l'héroïsme. L'héritage paternel, joint aux largesses d'un parrain, lui assure, dès aujourd'hui, vingt-cinq mille livres de rente. Bref, un parti idéal, à preuve que, douze fois par an, l'homme dont je parle est demandé en mariage par des dames chez lesquelles il dîne, de la part de demoiselles qu'il ne connaît pas.

Je vous prie de remarquer que c'est l'âge où l'homme normal, j'entends celui qui n'est ni vicieux ni pourri d'égoïsme, sent ses goûts se transformer. Un matin de printemps qu'il pousse sa promenade le long des Champs-Élysées, il est tout surpris de s'aviser que ce qui l'intéresse, ce qui soudain accroche son regard, ce qui le fait se retourner, sourire, ce ne sont plus les belles demi-mondaines que leurs victorias roulent vers l'allée des Acacias, ni les mondaines qui louchent un peu de ce côté-là pour lorgner les chapeaux de la concurrence. L'homme de trente ans se surprend à suivre d'un regard où il y a de la tendresse les jeunes filles, celles qui sortent de l'enfance, celles qu'on a envie de nommer les « inachevées ».

Oui, inachevées, c'est bien là ce qui plaît en elles. Inachevées de corps et d'âme, encore divinisées par ce mystère de l'ébauche où tout le rêve est enfermé. Jamais celles-ci n'empliront la promesse de leurs lignes ; jamais elles n'atteindront la perfection qui, à propos d'elles, semblait promise. Déjà elles seront sur le versant de la colline avant qu'on ait pu dire à quelle minute précise leurs pieds ont touché le sommet. Telles, celui qui a un peu vécu, poursuivi à travers des expériences de désir ce rêve qui mêle la beauté à la tendresse et qui s'achève dans la déception, telles, celui-là les aime, pour l'espoir qu'elles enferment dans leurs lignes neuves.

L'ami dont je vous parle est en train, par-dessus mon épaule, de lire ces lignes où j'ai oublié que j'étais un moraliste de qui on attend des renseignements précis, et non un promeneur attardé à la grâce des nattes encore flottantes sur le dos. Et dame, il hausse les épaules, mon Parisien plein d'expérience.

Il demande sans galanterie :

— Où rencontrez-vous ces jeunes filles-là ? Moi qui vous parle je me suis promis qu'on ne me marierait point. Je ferai mon choix moi-même. Je suis tout disposé à me laisser surprendre par l'amour, si seulement la flèche m'entre un peu dans le cœur. Or je n'ai pas envie d'épouser une veuve; j'ai décidé de ne pas me marier avec une étrangère, afin que mes enfants, si j'en ai, n'aient point le cerveau fait autrement que moi-même. Restent nos jeunes filles. Eh bien, franchement, celles que l'on m'offre ne me tentent point assez...

Je me récriais, il insista :

— J'irai vous prendre par le bras, un de ces matins, à l'heure où ces demoiselles sortent, escortées de leurs intitutrices, de leurs femmes de chambre, ou tout simplement de la petite bonne, pour se rendre aux cours, à l'atelier. Nous les suivrons d'un peu loin, et, loyalement, vous répondrez à cette question que je vous pose à propos d'elles : « A supposer, — comme je le crois, — que l'amour entre par les yeux, peut-on recevoir le coup de foudre à propos de ces jeunes filles-là? »

Comme les affaires ne m'appellent pas dans le centre de Paris, j'habite un quartier neuf. J'ai pour voisin des gens de luxe, de la bourgeoisie heureuse. Ce terrain nous parut bon pour notre expérience. Nous battîmes le quartier, deux ou trois jours de suite, dans la préoccupation que je vous indiquais.

Vous me permettrez d'écarter tout d'abord les jeunes Orientales et celles que, avec un dédain où il y a de l'envie, on appelle les « petites rastas ». L'Asie et les deux Amériques, surtout celle où l'hérédité espagnole a donné le contour, ont des précocités séduisantes.

Il s'agit ici de notre bourgeoisie française, celle qui se reproduit sans alliage et sans métissage.

Hélas ! il me fallut reconnaître que mon camarade avait raison. Bien sûr, à tous les tours de rues nous rencontrions de séduisantes figures. Elles plaisaient par le sourire, par le regard, par tout ce qui constitue « la beauté du diable ». L'affinement, la souffrance même, ont des charmes qu'un païen n'aurait pas compris ; c'est un attrait tout intellectuel qui, à de certains moments, nous séduit, nous arrête. Nous sommes, plus que tout autre, le peuple à qui la culture chrétienne, le goût de l'intelligence ont fait une longue habitude de juger une femme sur son visage. Nous la cherchons dans l'esprit de son sourire, dans la mélancolie de ses yeux. Nous avons oublié tout à fait cette leçon de l'art antique qui ne subordonnait point le corps à la tête, et, dans cette indifférence, nous a légué une Victoire décapitée dont nul amant de la beauté ne songe à regretter le regard.

Tant que le bien-être, la facilité de la vie, la confiance dans le lendemain nous ont laissé le loisir de vivre pour la vie de causerie, pour l'échange des idées, pour les plaisirs de l'esprit, nous avons préféré à toute autre cette jeune compagne, qui, comme Froufrou, vivait du frisson de sa robe de soie, qui était tout en âme, tout en esprit, tout en éclat. Mais le jour où la race faiblit, où on ne sait quel craquement nous avertit que sous nos pieds le terrain n'est pas solide, nous nous reprenons. Nous regardons d'un œil presque hostile cette frêle petite femme qui ne nous donnera pas les enfants dont nous avons besoin. Et l'instinct, l'instinct conservateur des races, l'instinct qui veille sur nos caprices pour les mater à la minute où notre fantaisie devient un péril, l'instinct nous avertit brusquement que l'attrait physique n'est plus sur cette émaciée.

Je demande la liberté dont j'ai besoin pour traiter honnêtement une matière si délicate. Cette frêle petite bourgeoise que nous ne marions plus — si l'appât de la dot énorme n'attire pas vers elle les oisifs et les cupides, — c'est la victime douloureuse de notre héréditaire égoïsme et de notre affreuse dévotion pour l'argent.

Regardez-la cheminer, si menue, à côté de cette fille du peuple qui l'accompagne.

Dites où est la force? où est l'attrait? Où va-t-il ce vertige du désir avec lequel il faut bien compter puisque c'est lui qui soutient le monde? Il y a un vers d'Alfred de Vigny où l'amante apparaît liée au souvenir de la mère et qui bourdonne dans nos mémoires d'homme:

Il rêvera partout à la chaleur du sein.

Est-ce le souvenir de l'enfance heureuse, de la place où jadis nous avons si doucement dormi? Toute la vie, aux heures de joie et de bouillonnante jeunesse, aux heures où la consolation est nécessaire, l'homme se réfugie vers cette gorge de la femme qui a été le premier appui de son rêve, et qui sera le dernier, après la bataille des jours, s'il a mérité l'assistance de l'amour unique.

Trois ou quatre générations de vie purement mondaine, d'égoïsme et de plaisir, de révolte contre les lois naturelles, ont si bien effacé de la bourgeoisie cette grâce suprême de la femme, qu'au lendemain des accouchements c'est à peine si une goutte de lait monte encore aux gorges atrophiées. « Le sein de la femme, disait Mahomet, nourrira l'enfant et réjouira le mari. » Le sein qui, de mère en fille, a refusé de nourrir l'enfant n'est plus là pour ravir et consoler l'homme.

La femme avait une autre grâce troublante, cette hanche qui la marquait pour l'œuvre maternelle et qui, laissant à l'homme les créations de la pensée, courbait sa ligne comme un berceau. Voilà que, lui aussi, cet autre caractère de la féminité s'efface. La rue est pleine d'êtres indécis, en qui il semble que le choix du sexe soit encore à faire, jeunes gens aux épaules tombantes, jeunes filles sur qui les robes flottent de la ceinture aux pieds, sans courbure. Vêtez-les tous du costume à la mode, celui qui leur sert à monter sur les deux roues et regardez-les passer pêle-mêle. Où sont les hommes ? Où sont les femmes ? Est-ce qu'on sait ? Ce sont des bicyclistes.

Soit ! si le plein air doit rendre des forces à ces petites névrosées, mais j'ai peur que le goût qu'elles ont maintenant de courir après l'homme, de rouler à côté de lui, ne leur fasse de plus en plus considérer comme un fardeau, dont elles laissent le souci à d'autres, la fatigue et l'embarras des grossesses. Ce n'est point le vice qui leur donne du dégoût pour une fonction naturelle où, saines et bien portantes, elles trouveraient tant de joie. C'est la faiblesse qui se défend en elles. Elles ne veulent point d'enfants parce qu'elles n'ont pas la force de mettre des enfants au monde.

— Zut, un gosse ! Voilà l'ennemi ! s'écriait en plein salon parisien, une jeune fille très moderne, à la vue d'une amie de sa mère qui faisait visite avec un petit à la main.

J'ai entendu une autre jeune femme dire, sans vergogne :

— Je viens de traverser le Parc Monceau... Il était plein de tous ces affreux petits enfants...

Elle avait encore sur les lèvres le pli du dégoût que lui avait inspiré toute cette petite vie grouillante, tétante au soleil.

— Un enfant? disait à son médecin, qui m'a rapporté le propos, une autre mondaine ; un enfant ! Mon mari veut un enfant ! Mais où voulez-vous que je le loge?

Elle sortait de chez son couturier à qui elle avait ordonné d'effacer dans la coupe de sa jupe ce qui lui reste de hanches :

— On n'a plus de hanches, aujourd'hui, c'est bon pour des cuisinières...

J'écris ces lignes devant une image vers

laquelle souvent mes yeux se lèvent. C'est la reproduction d'un des chefs-d'œuvre du musée de Naples où un inconnu a voulu exprimer le plus beau rêve de tendresse pure, d'affection protectrice qui jamais ait noué au cou d'un homme le bras d'une femme. C'est Oreste avec Electre. Sans doute l'artiste s'est proposé de nous montrer réunies, comme deux harmonies qui se complètent, la beauté féminine en exposition à côté de la beauté mâle. Dans ce rêve, il a eu raison d'imaginer une sœur plutôt qu'une amante. Il a eu la vision que si tous les êtres réclament une femelle, l'homme veut une compagne.

Telle qu'elle apparaît ici, avec une de ses mains posées sur sa hanche, avec son bras appuyé à l'épaule du héros, avec son visage qui se tourne vers le frère comme pour accepter la supériorité de la pensée virile et y participer, celle-ci est vraiment la moitié de son compagnon ; elle semble un autre jeune homme, svelte, aussi fort, encore que plus gracieux. Et pourtant qui peut contempler sans amour la splendeur de sa gorge, soulevée sous le voile, cette courbe de sa hanche qu'une chaste tunique enveloppe, comme des feuilles laissent entr'apercevoir et font désirer un fruit ?

Voilà la compagne que l'on avait pour vivre cette vie divine dont le dernier reflet nous éclaire encore. Le culte de la beauté faisait les hommes héroïques. On n'avait pas encore imaginé de sacrifier à l'argent la vie même, d'en faire l'unique outil de la sélection, d'unir, en son nom, toutes les tares avec toutes les tares, de forger une race sans l'attrait physique, une aristocratie sociale sans le concours du désir.

VI

L'ATTRAIT VIRGINAL

L'attrait physique est un piège que l'espèce tend à l'individu avec la volonté de le conduire à ses fins, sans qu'il s'en doute. De toutes les vérités qui, avant d'être scientifiquement formulées, étaient de sens commun, il n'en est pas une que nos contemporains aient plus négligée. Sur la foi de leur égoïsme et l'assurance des romanciers, ils ont cru bonnement que l'amour (et par « amour » le grand nombre entend « plaisir », le plus court, le plus convulsif), que l'amour était son but à soi-même.

Je connais des mondaines lettrées qui, d'un roman à l'autre, avaient suivi M. d'Annunzio comme un prédicateur dont on attend la vraie doctrine. Elles se sont détachées de lui d'une secousse, au milieu de son beau roman *le Triomphe de la Mort*. Vous vous souvenez de cette page troublante où l'amant, qui n'a connu d'autre frein que la lassitude, s'arrête devant le sommeil de cette maîtresse aux hanches de garçon qu'il avait adorée par la volonté de son esthétique décadente et par le penchant de ses sens blasés? Il s'avise que celle-ci n'est pas une avenue par où passera le défilé de la race, mais une stérile impasse qui barre l'horizon. Il a la révélation que toutes les souffrances de sa passion pour cet être anormal viennent précisément de l'inutilité de son amour. La haine prend la place des transports. Il rêve de frapper. Le coup n'est que suspendu : il la tuera.

Une telle franchise serait peu efficace dans la bouche d'un moraliste; mais sa saveur est précieuse quand elle jaillit du cœur de celui qui se nomma lui-même « l'enfant de volupté ». Elle déplaît à certaines qui ont fermé le livre et, aujourd'hui, secouent la tête quand, devant elles, on prononce le nom, hier adoré, de d'Annunzio. Celles qui roulent fatalement à l'abîme haïssent l'avertissement plus que la chute.

Qu'en devons-nous retenir ?

Ceci : après la première fougue de plaisir, l'homme s'arrête, et s'il n'est pas marqué pour le libertinage sans fin, il souhaite, à travers la femme, l'enfant où il renaîtra. A cette minute, il mêle du respect à l'émotion toute neuve dont il se sent possédé. Le plus pauvre prêtre de campagne souhaite orner le tabernacle où il enferme son espoir. L'homme en use de même. Le jour où la femme ne lui apparaît plus comme l'instrument presque anonyme de son plaisir, mais comme la mystérieuse dépositaire de la vie, il souhaite la blancheur des lis et leur pureté sur elle.

C'est l'heure de la jeune fille, de cette « inachevée » dont nous parlions plus haut, de celle que le mystère et l'ignorance scellent encore, l'heure de la vierge. Nous savons bien qu'il y a dans Paris un milieu où, presque jamais, on ne la rencontre. Ici la jeune fille peut bien être déguisée en Parisienne : elle n'est pas Française; elle n'a ni les racines, ni le parfum des nôtres. Ce n'est pas moi qui l'affirme dans une illusion de patriotisme. Je viens de relire un livre qui, en ce temps où nous semblons disposés à nous éclairer sur nos défauts par la comparaison de nos mœurs avec celles de nos voisins, peut être consulté par tous avec profit. C'est un important ouvrage de sir Philip Gilbert Hamerton, qui a été traduit en français par M. Labouchère. Sous ce titre : *Français et Anglais*, l'auteur conduit à bonne fin un parallèle serré des instincts et des habitudes des deux races. Il constate que, malheureusement pour nous, jamais nous n'avons allié « l'orgueil national à la moralité », mais il se découvre avec respect devant la jeune fille française, et il impose silence aux calomnies qui, parmi les siens, ont cours sur elle :

... « La déesse des jeunes filles françaises, dit-il, est non pas la déesse de la lubricité, mais son opposée, la Sainte Vierge. On a prétendu, avec quelque exagération, que toutes les jeunes filles françaises s'appelaient Marie; c'est justice de dire que toute jeune fille élevée dans la religion catholique apprend à regarder la Sainte Vierge comme son idéal. La Sainte Vierge règne pour toujours — en qualité de reine du ciel et de royale protectrice de la France. Sa statue s'élève sur cent collines, contemple la France du haut de mille tours. La « Tour d'ivoire » a sauvé de l'invasion mainte ville française. A leur première communion, toutes les jeunes filles françaises sont vêtues de blanc pour rivaliser avec la pureté de Marie; durant *son* mois, ses cent mille autels sont couverts de fleurs en souvenir de *sa* douceur, et on épuise dans *ses* litanies tous les termes de louanges et d'amour. »

Dira-t-on que c'est là un idéal de prêtre, de poète, de naïf, de mère de famille provinciale, tout à fait séquestrée du monde?

Avec moins de lis dans les mains et une rougeur pudique sur les joues, cette jeune fille est celle que le vieux théâtre rêva sous le nom d'« ingénue ». Quelle que soit la place qu'ait prise aujourd'hui sur les planches un autre type de jeune fille que, peut-être injustement on appelle l'« américaine » — il vaudrait mieux dire la « cosmopolite », — c'est toujours « la demoiselle à marier de Scribe » qui règne sur les foules, en qui les gens de ce pays-ci reconnaissent leur idéal. Le rire — voire un peu sournois — que soulèvent les naïvetés de cette Agnès est plus sain que les silences qui soudain pèsent sur toute une salle, quand un geste nous révèle la précoce expérience de « l'autre ». De même mettez que, chez le blasé qui rêve mariage, se mêle au respect pour la virginité intacte un peu du goût pervers de déniaiser, tout cela ne m'effraye pas, tout cela ne me paraît pas se contredire; sur la terre, il n'y a pas de vol qui, en passant ne jette une ombre.

Supposons donc que nous sommes d'accord sur ce point : le cynisme est, chez nous, plus superficiel que nous ne le prétendons et que nos ennemis ne l'affirment. Quelle satisfaction l'éducation des jeunes filles contemporaines donne-t-elle à l'épouseur qui, aux approches de la trentaine, pris du vertige que je définissais, se sent tout disposé à subir le charme mystérieux de l'attrait virginal?

Je vous prie d'évoquer sur l'écran de

votre souvenir cette théorie de jeunes filles, les sœurs de Bob, que Gyp nous a peintes avec des grâces d'esprit qui toutes les font sœurs et toutes ses filles. Plus d'une fois, dans la solitude des provinces, les pères et les mères de famille qui lisaient ces dialogues déconcertants se sont demandé, dans cette minute de demi-mauvaise humeur, qui, chez beaucoup de gens, succède au plaisir d'avoir ri malgré eux :

— Où diable Gyp a-t-elle connu de telles jeunes filles ?

M. l'abbé Bolo, que déjà je vous ai présenté au cours de ces pages, répond, dans son livre : *les Jeunes Filles :*

— Hélas! ce sont mes pénitentes. Nous avons aujourd'hui des jeunes filles élevées dans des couvents, qui appartiennent à la bonne bourgeoisie, à la noblesse, et qui s'expriment dans une langue émaillée de termes d'argot d'une crudité désolante. Entre autres je confesse une mademoiselle Rose Thé. Elle parle comme un vieux colonel sorti du rang! Elle ne dit pas : « C'est vrai », mais : « Parbleu! c'est évident!... ça crève les oculaires. » Elle ne dit pas : « Vous faites erreur », mais : « Vous vous fourrez votre parapluie dans l'œil! » Quand le temps lui dure, « elle s'embête comme un rat mort à cinq francs l'heure! » Quand elle se sent de l'appétit, « elle a la dalle en pente, le tuyau creux ». Quand elle mange, « elle s'envoie quelque chose dans la fiole ». Va-t-elle se coucher, « elle met ses abatis au pucier, sa viande dans le torchon ». Elle ne sort pas de l'argot : » Une telle? j'en ai soupé!... Un tel? i'peut s'fouiller! » Elle s'écrie dix fois par jour : « Que je voudrais être un garçon! »

Vous rappelez-vous cette boutade d'Octave Feuillet qui fit frémir nos mères? Parlant de la liberté de propos des jeunes filles, il avait dit que leur hardiesse était capable de « faire rougir un singe ». Le singe aurait tort de rougir. C'est lui qui est le coupable, lui, le grand écolier, échappé d'hier au collège, coiffé aujourd'hui de quelque képi de saint-cyrien, qui, cousin ou frère, pendant les vacances, a enseigné ce joli vocabulaire aux innocentes partenaires qu'on lui confiait pour faire la partie de lawn-tennis. Elles ont ramassé ces propos avec les balles; et il a ri, si fort, que les pauvres petites se sont imaginé lui plaire. Ainsi, par l'imprudence du saint-cyrien, l'argot de la caserne a passé directement au couvent, et celles qui, de leur bouche fraîche, ne devraient laisser tomber que des fleurs et des perles répandent des serpents et des crapauds.

Elles sont ensorcelées. Quelque mauvaise fée dont je voudrais bien connaître l'adresse, et qui s'appelle peut-être la Veulerie Publique, leur a jeté un sort. Dans cette déraison, elles s'imaginent séduire ceux qui, demain, auraient pu être leurs compagnons de vie, en se faisant « camarades ». Ah ! le triste mot ! Elles ne savent donc pas, les pauvres petites, ce que cela veut dire, « ma camarade » ? C'est la femme à qui l'on défend d'avoir un sexe — en dehors des minutes où l'on s'en sert, — une folle qui signe un contrat d'égalité — voulez-vous que nous disions de duperie ? — où elle renonce à tous les ménagements, à tous les égards, aux nuances qui sont l'amour, pour acheter quoi ? quelques audaces de geste, de costume et de paroles qui la dépoétisent. « Une camarade », c'est une femme devant laquelle l'homme ne se gêne plus.

Je voudrais emprunter une heure la soutane de M. l'abbé Bolo pour aller prêcher un Mois de Marie dans le couvent de mademoiselle Rose Thé. Je dirais à ces jeunes filles trop modernes ce que je pense de la camaraderie et de ses suites. Je les supplierais, au nom de l'amour, au nom de leur bonheur et du nôtre, de ne pas renoncer au charme de l'attrait virginal qui seul fait plier nos genoux.

VII

L'INDÉPENDANCE

Toutes les fois qu'un désir passionné se déclare au cœur d'un siècle, un philosophe en fait une loi et lui donne l'hypocrite autorité d'un théorème scientifique. Schopenhauer avait bâti une maison de refuge pour les impuissants et les découragés ; Nietzsche, avant d'aller à l'asile des fous, a érigé en dogme la légitimité de l'égoïsme impitoyable.

Dans la pensée de cet aristocrate qui

applique à l'humanité des lois de la sélection darwinienne, peu importe le sort du troupeau souffrant. Il faut qu'à ses dépens se produise l'individu supérieur, l' « uebermensch », l' « homme au-dessus de l'homme », par qui l'espèce entière accroîtra sa combativité.

Voilà la thèse dont se nourrissent, à cette heure, nos filles et nos garçons.

A la rigueur, quand il s'agit d'un Napoléon, d'une Catherine de Russie, il peut être intéressant, sinon utile, qu'une génération serve de litière à un égoïsme génial. Où nous conduiront tous ces lilliputiens, en qui, seul, l'égoïsme est monstrueux ?

Le procédé pour devenir « un homme au-dessus de l'homme » ou « une femme au-dessus de la femme » est tout justement le contre-pied de l'éducation chrétienne. Celle-ci conseillait de se sacrifier aux autres; celle-là ordonne d'immoler les autres à soi-même. L'une enseignait à combattre ses défauts par ses qualités. L'autre veut que l'on pousse tout son caractère au plus grand relief, et tant pis si, comme il arrive, c'est le mal qui domine! L'une prêchait la modestie et la soumission, l'autre exaspère l'orgueil et la révolte. L'une aimait l'autorité comme un refuge. L'autre brandit l'indépendance comme une torche. L'une avait pour idéal de former un homme et une femme qui fussent des « êtres sociaux », heureux de donner pour limite à leur appétits les droits du prochain. L'autre mène tout droit à « l'anarchie » : elle détruit la famille, en attendant que la cité en croule.

Nous avons dans notre voisinage un petit pays qui est en train de faire l'application des doctrines de Nietzsche au problème de la vie conjugale avec la rigueur scientifique d'une expérience de laboratoire. Pour les jeunes Norvégiens et pour les jeunes Norvégiennes, le but de la vie est ce qu'ils nomment dans un argot pittoresque, la « conquête du moi tout rond ». Autant dire chaque individu, garçon ou fille, prétend faire de sa personne le centre du monde. Les relations, amoureuses ou sociales, ressemblent tout naturellement dans ce pays-là à une partie de billard : les boules ne se touchent que pour s'éloigner avec plus de violence... Rappelez-vous l'histoire d'Hedda Gabler, les aventures de toutes ces jeunes femmes qu'Ibsen nous a contées. La jeune Norvège attendait de son grand homme que, une fois pour toutes, par la bouche de Solness-le-Constructeur, il imposât silence aux gênantes protestations de la conscience morale. A la dernière minute, le vieux poète n'a pas osé dire le mot qui affranchirait définitivement les générations de la contrainte du devoir. Il aura des fils moins timorés.

Je ne prétends pas que beaucoup de jeunes filles aient lu les divagations de Nietzche, voire qu'elles aient toutes bu le poison aux sources de la littérature norvégienne. Mais, dans leurs familles mêmes, elles respirent à pleins poumons un air chargé du redoutable bacille d'égoïsme. La vie du père et celle de la mère sont séparées. Ce n'est pas seulement la faute du cercle, où les hommes dépensent la meilleure part du temps qui n'appartient pas aux affaires ou au plaisir ; les relations, même, sont différentes. Quand on dîne hors de chez soi, c'est souvent chacun de son côté. On rirait de voir un mari et une femme, après la tournée obligatoire des visites de noces, entrer ensemble dans un salon. L'intimité dans le mariage est une grossièreté qui choque, une promiscuité de petites gens. Je connais des époux préoccupés de sacrifier jusqu'au bout à ces scrupules mondains : ils rentrent de l'Opéra ou de soirée chacun dans leur coupé. Si les embarras d'argent ne condamnaient pas de temps en temps ces époux à des tête-à-tête qui sont des bagarres, ils n'auraient pas d'occasion légitime de se haïr.

— On me parle, disait ingénument une mondaine, de ménages où l'on ne s'entend point !... Ces gens-là sont bien peu patients !... Ils ne se voient qu'aux repas... toujours devant des étrangers... Ne pourraient-ils se supporter une heure ?...

Égoïsme du père, égoïsme de la mère, cynisme des jeunes frères qui tiennent plus ou moins la maison pour une auberge et leurs parents pour des banquiers, voilà le spectacle que nombre de jeunes filles ont au foyer paternel. Supposez qu'elles ouvrent une revue : elles y trouveront, découpée en tranches, la pièce où l'usage ne permet pas encore qu'on les conduise. Qu'y liront-elles ? La théorie de ce vertige d'indépendance qui est en elles, un plaidoyer, parfois brillant, toujours corrupteur, en faveur de l'instinct et de ses caprices. La nervosité elle-même est respectée comme une aspiration sacrée, par des romanciers et des dramaturges, conquis une fois pour toutes à ce qu'on appelle la « cause féministe », et qui se préoccupent peu de détruire l'institution de mariage avec ce qu'elle supporte, pourvu qu'une complaisance galante meuble agréablement leurs garçonnières.

La porte de cette indépendance à laquelle la jeune fille aspire était, il y a encore une douzaine d'années, le mariage.

Dans la société dont M. Paul Bourget a été l'exact et subtil historien, le mari ne compte pas. Il nous apparaît comme l'accordeur qui vient monter le piano au diapason afin que l'artiste en joue. Autrefois, le roman s'ouvrait à la minute où la jeune femme, rebutée par le mari, songeait à prendre un amant; il commence, aujourd'hui, à l'instant où elle se détache du premier amant pour se donner à un second. Dans cette fiction, le premier amant apparaît avec la figure qu'aurait pu avoir le mari dans un mariage d'inclination. La femme lui donne un successeur en vertu de cette loi d'égalité des sexes qui est bien le plus sournois des pièges que la sensualité masculine ait tendu à la femme pour la faire retomber des hauteurs où le mariage chrétien l'avait élevée dans les humiliations de la polygamie.

D'autre part, l'installation du divorce a eu cet effet inattendu : il a diminué la sécurité que le mariage offrait aux filles pour y abriter leur indépendance. La riche héritière passait par une union de convenance pour s'affranchir des dernières contraintes que l'usage latin impose à la jeune fille; elle s'est avisée qu'elle faisait un contrat de dupe à présent que le divorce permet au mari de se dérober, le jour où il y trouve son profit. Elle s'est dit, avec une apparence de raison : « La situation d'une jeune femme divorcée n'est pas sensiblement différente de celle d'une fille sans mari qui jouit de l'indépendance de l'argent. Le mari n'est qu'un paravent ; il abritait contre les regards curieux. Avec le divorce, il ne donne même plus de sécurité durable dans cet emploi protecteur. Autant se passer de ses services et s'épargner ainsi le rebut de ces premières grossesses qui avaient pour but de donner une sanction au contrat et de fixer les héritages. »

Tout cela est logique : la femme ne désirant plus l'enfant (parce qu'elle considère la maternité comme une fatigue, un embarras, une limite à son indépendance, une servitude dont il n'est pas juste qu'elle ait la charge) n'a plus que faire d'entrer dans le mariage.

Quand il demandait aux époux des engagements aussi longs que la vie, il les priait de renoncer à leur égoïsme individuel au nom des êtres qui sortiraient d'eux. Il mettait sous la protection de leur amour les destinées de la race. En échange du renoncement aux caprices de route, il les associait dans un espoir d'éternelle durée...

Durée?... Sacrifice?... qui donc comprend encore le sens de ces mots-là dans le clan dont je dépeins les tendances lamentables, « voyantes », et dont les mœurs ont une importance néfaste d'exemple, car si ces aberrés ne sont pas les plus nombreux, ils sont les plus haut?

Un notaire de la finance et de la plus authentique aristocratie française, qui est un homme politique et un philosophe mondain très informé, m'a dit en propres termes :

— Je ne prétends pas que l'institution de mariage soit tout à fait ruinée dans l'estime de la classe moyenne, mais, par en bas et par en haut, il semble qu'elle a fait son temps. Vous savez comment on en use dans les petits ménages parisiens? Il arrive souvent que les deux conjoints sont mariés, mais... ce n'est pas ensemble ! Ceux d'en haut réclament la même liberté. Je me trompe : ils n'attendent pas que la loi ou l'opinion publique leur mettent la bride sur le cou. Ils forgent silencieusement de nouvelles mœurs. De plus en plus, vous allez voir des jeunes filles riches se créer une vie indépendante. Les beaux-arts et le voyage serviront d'éventail. Pour excuser cette fantaisie de célibat, le monde dira : « C'est une artiste... » ou encore : « Elle avait une vocation... » ou enfin : « Son humeur est si vagabonde !... » Après cela, chacun sait que l'atelier autorise des fréquentations que le salon interdit. Le voyage aussi est bien commode pour éviter les curieux et dépister les médisants. Et quelles mœurs aurons-nous derrière ces licences ? Vous me permettrez de croire que les indépendantes dont je vous parle ne se réfugieront pas dans le célibat pour y abriter leur virginité parfaite. De tous les soupçons dont ces révoltées seront poursuivies, leur goût pour l'amour libre demeurera le plus obligeant.

Je laisse à son auteur la responsabilité d'une telle prophétie.

Ceci est de l'histoire :

Quand on voyage en Allemagne, on est surpris d'y rencontrer une élite de femmes qui, par la beauté et la culture, forment dans le monde germanique comme un îlot. Elles viennent de dépasser la quarantaine. Elles sont demeurées « demoiselles » et leur goût du célibat fait école. Jeunes filles, à vingt ans, elles ont refusé d'épouser les hommes qui rentraient de « la victoire française » plus brutaux qu'ils n'étaient partis, plus infatués d'eux-mêmes, plus voraces, plus grossiers. Elles ne se sentaient pas le courage de devenir les femmes-servantes de ces égoïstes. Elles ont préféré le renoncement.

Est-ce que nous allons vraiment voir ce goût de célibat s'acclimater de même chez les filles de France? Apercevrons-nous sur de beaux et rayonnants visages ce mépris de l'homme qui s'écrit en quelques coups d'ongle autour des jeunes bouches que le dédain plisse?

Plus je réfléchis à ces problèmes, plus il me semble que ce qu'ils appellent la « question de la femme » n'existe pas. C'est la question de l'homme qu'il faut poser et résoudre. Quand la femme réclame son indépendance, c'est que l'homme est incapable ou indigne de la protéger.

VIII

LA RIVALE

Au mois d'août dernier, je traversais Paris, dans cet isolement où nous tombons l'été, lorsque, entre deux séjours de vacances, nous rentrons dans la grande ville pour expédier quelques affaires. La journée avait été accablante. Je rôdais du côté de la gare Saint-Lazare avec le désir de me jeter dans le premier train venu pour aller dîner quelque part, sous les arbres, à la fraîche.

Sur les marches du wagon, je me hourtai à un camarade, perdu de vue depuis quinze ans. Nos deux noms jaillirent en même temps de nos mémoires et, joyeusement, s'entre-croisèrent. Déjà nous étions bras dessus, bras dessous :

— Où dînes-tu ?

— Avec toi si tu veux.

— C'est cela ! nous allons faire une surprise à ma femme.

— Tu es marié?

— Et père de famille. Mais tu sais attends-toi à l'hospitalité la plus modeste. Nous sommes des petites gens... de toutes petites gens...

— Nigaud !...

Il me parut que ce « nigaud »-là le mettait définitivement à l'aise, car il rayonnait en regardant par la fenêtre du wagon.

Le paysage de banlieue qui glissait dans le cadre de la vitre ressemblait comme deux gouttes d'eau à l'histoire qu'il me conta. Il avait cinq mille francs d'appointements dans un ministère, un abonnement sur le chemin de fer de l'Ouest. Il venait à Paris le matin ; il rentrait le soir.

Grâce à sa femme, qui était un miracle d'économie, « ils se tiraient d'affaire gentiment ». Même on avait le luxe d'un bateau pour se promener le dimanche sur la rivière :

— Enfin l'encroûtement, mon cher ami, l'encroûtement bourgeois !

Il disait cela par mauvaise honte, car il

se frotta les mains, quand de nouveau, je le rabrouai.

Comme nous descendions à une station quelconque où la seule grâce du paysage sans arbres me parut beaucoup de femmes et d'enfants qui fleurissaient la barrière et guettaient le retour des maris ou des pères, il déclara :

— Autrefois ma femme venait, elle aussi, au devant de moi. Mais, comme je te l'ai dit, nous avons un tout petit... Et elle ne peut l'apporter sur ses bras... Ce sera pour quand l'enfant marchera par la main... Je demeure à dix minutes de la gare.

La maisonnette nous apparut de loin, car les lilas qui entouraien le cube de briques neuves n'avaient pas encore eu le temps de grandir ; mais, à travers la palissade de lattes qui remplaçait le mur nous aperçûmes un potager bien vert où une jeune femme, protégée par un tablier bleu, arrosait un carré de choux à la lance.

Elle vint ouvrir, toute confuse. Déjà, le tablier avait disparu et la robe de percale sortait, tout fraîchement, d'un baquet qu'on apercevait au loin sur son trépied, avec le morceau de savon bleu encore posé au bord de la planchette.

Le visage de notre hôtesse avait le charme un peu las de ceux qui ont connu des jours tristes. Sa jeunesse reparaissait tout de suite quand elle souriait.

Elle me tint compagnie tandis que le

mari allait « se mettre à son aise », c'est-à-dire troquer sa redingote de bureau et son solennel tuyau de poêle contre une veste de campagnard et un chapeau paillasson.

Je regardais cette jeune femme avec plaisir, car il y avait sur elle une grâce tout à fait simple, un peu populaire, à sa place dans ce décor de jardinet où le potager s'encadrait de fleurs.

Elle nous quitta pour donner un coup d'œil au dîner :

— Nous n'avons, dit-elle, qu'une servante... une petite fille qui ne distingue pas la tête de mon bébé d'avec ses pieds... Elle le cogne à tous les angles de meubles... Et elle joue encore avec les allumettes... Elle n'a pas, vous l'imaginez bien, la permission de toucher à mes casseroles !... Votre ami est gourmand, et avec cette bonne figure-là, il me dirait toutes sortes de méchancetés si son dîner avait un coup de feu !

Il ne protestait pas, l'ancien camarade.

Il demanda avec un froncement de sourcil :

— Qu'est-ce que tu vas nous donner ce soir ?

— Du veau à l'oseille.

Une moue de gourmet exprima que ce plat n'était peut-être point celui où les talents du cordon bleu trouvaient une occasion exceptionnelle de se faire valoir, mais que tout de même on pouvait s'en contenter.

Il avait besoin de dire du bien d'elle. Elle n'avait pas le dos tourné qu'il commença :

— Comment la trouves-tu?... Gentille, n'est-ce pas?... Et si sage, mon ami!... Telle que tu la vois, elle se charge de toutes les besognes qui ne lui abîment pas définitivement les mains. La vie avec elle me coûte moins que mon ancienne existence de garçon. Elle fait ses chapeaux, elle taille ses robes, elle les coud à la machine, elle repasse mon linge, elle arrose son jardin, elle surveille son enfant. Voilà quatre ans que nous vivons ainsi, je ne l'ai pas conduite trois fois au spectacle : elle va à Paris de loin en loin « pour voir les modes ». Quand on m'accorde une augmentation, elle est contente; quand on me la refuse, elle me console. L'été, nous passons la soirée dans le jardin ou sur la rivière. En hiver, je lui lis le feuilleton après dîner. Dame, ce n'est pas une femme littéraire !

Telle qu'elle était, notre hôtesse me plut tant, que, avant de prendre congé, je lui demandai comme un remerciement :

— A l'arrière-saison, madame, vous me permettrez de vous rendre visite et, cette fois, je ne viendrai pas seul.

Je croyais lui faire plaisir. Pourtant elle se troubla et regarda son mari.

Il répondit avec un embarras visible :

— Sans doute... nous te remercions.

Puis, comme s'il était pressé de changer la conversation, il ajouta :

— Ce n'est point pour te renvoyer,

mais tu as dit que tu voulais prendre le train de dix heures... Il faut partir...

Sur la route de la gare, il m'avoua :

— Tu as vu, n'est-ce pas? comme Hélène s'est troublée tout à l'heure... La pauvre fille!... Ta gracieuse pensée m'oblige à te dire la vérité... Nous ne sommes pas mariés.

Je me récriai :

— Pourquoi ne l'épouses-tu pas puisque tu l'aimes?

Il répondit :

— Parce qu'elle-même a un mari... un mauvais homme qui l'a abandonnée au bout d'un an de ménage et qui a disparu... Ah! mon ami! l'histoire que je te conte là, c'est celle de beaucoup de mes camarades, de la plupart des gens heureux — en tout cas honnêtes et patients — qui habitent ces petites maisons de banlieue que tu regardais tout à l'heure par les fenêtres du wagon. Ce n'est pas le goût du désordre, je t'assure, mais au contraire l'instinct de la famille et des qualités d'honnêteté et de cœur qui nous conduisent presque tous à ces situations fausses. On est un garçon rangé, on a gardé de la maison paternelle un souvenir qui rend odieuses, après les premières années de jeunesse, ces filles à tout le monde que l'on trouve assises, le soir, à la terrasse des cafés. On rêve d'une maison où l'on rentrera; d'une tendresse qui vous attendra, d'une lampe allumée, de quelqu'un qui sera le but de l'effort quotidien. Tu me diras :

« Pourquoi donc alors est-ce qu'on ne se marie pas? » Eh! mon Dieu, parce que cela est impossible! Moi et ceux qui sont dans mon cas, nous ne doutons point qu'il n'existe dans la bourgeoisie française des filles charmantes, sérieusement élevées, qui se contenteraient de la vie toute simple que pourrait leur offrir un employé de ministère ou de commerce. Ces jeunes filles-là accepteraient volontiers de renoncer à quelques-unes des douceurs dont elles ont joui dans leur famille, si elles entraient avec amour dans la maison de leur mari. Mais, étant données nos mœurs, quelles occasions avons-nous de connaître de telles jeunes filles? de nous approcher d'elles? de les aimer? de nous en faire aimer? Ce n'est pas dans les bals où j'allais autrefois que j'aurais pu développer à ma danseuse, entre une valse et un quadrille, le plan de la vie grave que je comptais lui offrir? Et, à supposer qu'une parole sérieuse m'eût encouragé, de quelle façon aurais-je été accueilli par les parents à qui je serais venu confesser avec mon amour les trois mille et quelques cents francs de traitement que je recevais alors? On m'aurait ri au nez! On m'aurait répondu avec mépris : « Nous n'avons pas donné à notre fille l'éducation qu'elle a reçue pour en faire votre servante et votre cuisinière. » Le pis, c'est qu'ils auraient eu raison! Nos filles de bourgeoisie, les mieux élevées, ne sont pas prêtes à entrer dans un ménage tout à fait pauvre. Elles songent : « Si mon « mari venait à manquer, pourtant ?... « s'il me laissait dans le monde avec « un enfant sur les bras ?... Je n'ai pas « d'état... qu'est-ce que je ferais? » A cela, il n'y a rien à répondre. Donc nous baissons la tête, ou plutôt nous nous écartons de celles qui ne sont pas faites pour nous et, comme j'en ai usé, nous allons à quelque pauvre fille dont une première faute, ou le destin, ont fait une irrégulière. Celle-là ne se rebute pas aisément; elle ne trouve pas que nous lui faisons dans la vie à deux une part au-dessous d'elle; le désir où elle est de nous fixer la rend ingénieuse à nous assister avec tendresse. Elle devient une femme comme la mienne, comme tant d'autres que je connais qui, ainsi qu'un refuge, ouvrent leurs bras aux hommes courageux et modestes que les jeunes filles de bourgeoisie et leurs parents ont dédaignés parce que, dans le ménage, ils n'apportaient d'autre patrimoine que le travail et l'amour...

... De nouveau, je roulais à travers la banlieue, noire, étoilée de petites lampes qui brûlaient dans des maisonnettes isolées.

Je réfléchissais à ce que je venais d'entendre, je rapprochais l'aventure de ce brave garçon de tant d'autres, toutes semblables, que j'ai connues.

Je me disais :

— La vraie rivale de nos filles, celle qui, de plus en plus, prendra leur place

8

si nous n'y mettons bon ordre, c'est cette jeune ouvrière, cette abandonnée, cette enfant du peuple ou de la bourgeoisie infime, qui a une jolie figure, un corsage riche, beaucoup de courage, la science du ménage, la liberté de ses actes, et de la confiance, folle ou non, dans l'amour.

Je suis sûr que j'honore la « régularité », car, ayant vécu parmi ceux qui ne connaissent point la loi, je sais les bénéfices de son triomphe; mais tout de même, je ne l'aime pas plus que la vérité. Donc, rien ne m'empêchera de dire que devant les mœurs du mariage contemporain, je m'arrête à considérer certains faux ménages avec une nuance d'envie.

IX

SIMPLICITÉ ET SNOBISME

Je m'aperçois qu'en peignant dans une maison de banlieue l'heureuse vie d'un ménage auquel il manque seulement d'être un vrai ménage pour nous apparaître comme un modèle, j'ai commenté un de ces chapitres de *la Femme* et de *l'Amour* où Michelet, avec autant de poésie que de précision, indique les conditions dans lesquelles il faudrait tenter l'épreuve de mariage.

Cet idéal de bonheur fut celui d'un artiste inspiré, que sa vie intérieure faisait riche... Suffit-il à la génération qui pousse ?... Les jeunes filles de la bourgeoisie particulière dont je décris ici les mœurs considèrent-elles comme une rivale cette déclassée qui vient prendre leur place au foyer de l'homme modeste ?... Regrettent-elles ce qui leur échappe ?... Préfèrent-elles le célibat avec les libertés douteuses qu'on lui promet, à la vie d'économie et de travail qui les attendrait dans la « petite maison de banlieue » ?

Parmi nombre de lettres écrites sur des papiers glacés, et plus ou moins historiés de chiffres multicolores, par des enfants trop gâtés, je choisis ces deux billets :

« D'où sortez-vous, mon cher monsieur? Quelle idée supérieure vous faites-vous de vos contemporains pour vous imaginer que nous trouverions un dédommagement au regret d'abandonner le « monde », les plaisirs qu'il donne, notre liberté, pour la satisfaction de nous faire la servante d'un de vos amis, sa jardinière, sa gardeuse d'enfants, sa repasseuse, sa cuisinière... Quoi encore? Je vois bien que votre idéal de la femme dans le mariage est un type de bonne à tout faire.

» Vous datez, mon pauvre monsieur! Si seulement vous lisiez les annonces des journaux où vous écrivez, vous verriez dans leur colonnes de réclames que personne ne s'offre plus comme « bonne à tout faire ». Aujourd'hui, chacun a une petite spécialité dont il tire sa dignité et qui assure son indépendance. Je crois que vous trouverez difficilement dans les rangs de la bourgeoisie — voire parmi les jeunes filles sans dot — ces servantes... — faut-il dire servantes-modèles ou servantes-maîtresses? — que le peuple ne fournit qu'en rechignant.

» J'ai vingt-huit ans. Je ne suis pas mariée, je n'ai pas voulu l'être. Je m'aperçois qu'un peu d'argent, un peu de culture, la passion de la musique, le goût du voyage, la certitude que les hommes ne sont pas une humanité supérieure, les femmes une humanité inférieure, forment comme la chaîne d'un paratonnerre qui met à l'abri du coup de foudre. »

Voilà l'opinion de l' « extrême-gauche féministe. »

Ceci me paraît l'expression des vœux charmants et sages d'une « modérée » ;

« Ce que vous demandez, monsieur, serait possible, car un véritable amour donne, sans doute, la force de tout supporter. A une condition : il faudrait empêcher que celle qui a fui le « monde » ne fût, — pardonnez-moi le mot — « relancée » par le monde. Et votre banlieue est trop près de Paris ! On aurait d'anciennes amies qui viendraient vous voir comme un objet de curiosité. Elles pourraient tomber à une minute de découragement — les meilleures en ont, — et alors leur ironie germerait en buissons de regrets.

» Vous autres hommes, vous ne savez pas que si, dans la solitude, on peut abdiquer la coquetterie, dès que, sur une autre femme, on aperçoit un corsage qui va bien, on souffre d'une robe mal taillée et qui vous trahit.

» Tenez! les parents eux-mêmes, le père et la mère, sont à craindre. Ils auront une tendance à plaindre leur fille s'ils la trouvent écrasée par trop de besognes, privée, dans la maison du mari, des douceurs dont ils avaient, eux, entouré sa jeunesse. Cette affectueuse pitié serait plus corruptrice que le reste.

» Avec vous, j'admets que la femme doit quitter tout pour suivre son mari. Mais alors qu'il l'emmène plus loin qu'Asnières! Beaucoup plus loin! Qu'il lui fasse une vie vraiment neuve où elle se sentira son associée. La banlieue, monsieur, c'est le vestibule de la tentation. Faites-nous passer la mer. »

En temps et lieu, nous retrouverons ce vœu de s'expatrier qui, de lui-même monte à des lèvres de jeune fille. Aujourd'hui, je retiens de ce gracieux billet une pensée consolante et en même temps mélancolique : Il y a encore dans la génération qui grandit des âmes courageuses ; volontiers, elles échangeraient le bien-être et le luxe contre la joie de fonder une famille. Mais, dans la minute même où ces vaillances réconfortent, elles avouent une singulière faiblesse : *elles ont peur de l'opinion que le Monde aurait de leur bonheur.* Elles confessent leur respect pour le jugement d'une société qui ne représente plus rien, ni un principe, ni une tradition, ni même un préjugé de caste, et qui, au fonds commun, n'apporte que des appétits de jouissance ou, moins encore, des niaiseries de snobisme.

Qui oserait reprocher à nos filles cette estime du monde et de sa critique ? Quotidiennement nous leur donnons l'exemple de notre docilité à sa tyrannie.

Telle mère de famille de ma connaissance est, le dimanche, irrégulière à la messe. Elle ne manquerait pas une réunion du Concours Hippique ou du Vernissage : ces fêtes-là sont d'obligation. Le temps est passé où l'on faisait des cabales pour obtenir un tabouret à la Cour; mais aux courses, dans les tribunes, il y a telles places où l'on est fière de se montrer. Il y a tels mails-coaches sur lesquels il est nécessaire que l'on monte. Il y a tels salons dont il faut forcer les portes, car ils classent...

Les mères de famille dont je vous parle n'ont pas rompu avec toutes leurs obligations. Ce sont des mondaines qui se croient des héroïnes de devoir. Est-ce que le matin, avant le départ du collège, elles ne donnent pas un coup d'œil à la toilette de leurs fils? Ensuite, la cuisinière a son audience. Mettons que ces deux corvées, bout à bout, leur donnent une heure et demie de tracas. Après cela, elles se sentent quittes de tous les devoirs qu'imposent la maternité et les nécessités domestiques. Le reste du matin appartient à la lingère, à la modiste, qui apportent des modèles, au plaisir de téléphoner à des amies, à des amis, pour intriguer, pour obtenir de se faire voir dans l'endroit où, ce jour-là, se porte la concurrence du monde.

C'est une actrice de passage que l'on « doit » applaudir ; une première représentation à laquelle il convient d'assister ; un orateur du Collège de France, un prédicateur, voire un explorateur qu'il est de bon ton d'entendre. De la vraie curiosité d'esprit ? Il n'y en a pas derrière cette agitation. Il n'est plus question de former son jugement ou son goût : *on ne va pas voir, on va se faire voir.* Chez ses adeptes, le monde ne tolère ni les goûts, ni les inclinations particulières. On aimerait la musique qui touche les cœurs: il impose des admirations qui exposent au plus cruel ennui. On aurait, malgré tout, un goût latin de vivre avec les héritiers de l'esprit français : il commande l'estime de tous les incompréhensibles farceurs qui font voir des lanternes magiques éteintes. Vous cherchez en vain sur les lèvres de ces arrière-petites-filles des femmes du XVIIIe siècle une parole qui ne soit pas dictée par le snobisme, un jugement qui jaillisse de l'esprit, un sentiment qui sorte du cœur. Vous recueillez la leçon du jour, et, quelque optimisme que vous nourrissiez, à la fin, il faut que le dégoût vous vienne de cette plate comédie jouée par des doublures.

Elles ont cet argument admirable :

— Mais c'est dans l'intérêt de mon ménage, de mes enfants (qu'il faudra marier un jour), que j'entretiens mes relations mondaines...

Mensonge comme le reste.

Les financiers ne donnent pas de « tuyau » à leurs amis intimes, ou bien, si c'est par l'oreille d'une jolie femme que le renseignement arrive au mari, nous savons de quel prix il est payé. Les hommes politiques sont les prisonniers de clientèles : nulle miette de gâteau ne tombe de leurs poches sur les tapis des salons. Les grands médecins ne donnent pas de consultation entre deux cigares.

Achevez la litanie...

La vérité que tout le monde connaît, la voici :

Le monde est une vaste foire aux liaisons. Les hommes y viennent pour séduire, les femmes pour être séduites — au moins pour se donner le frisson des côtoiements de l'adultère. Quand l'heure où on les courtisait est passée, elles se chauffent aux aventures des autres. Elles se consolent dans le colportage des médisances et des scandales.

Interrogez ceux qui reçoivent et ceux qui sont reçus. S'ils sont sincères, au lendemain de ces fêtes de snobisme et de galanterie, ils vous confesseront leur écœurement. Les financiers ont été aigris par les impertinences des gens de naissance ; le noble Faubourg est exaspéré de constater que les financiers l'éclipsent définitivement par leur luxe ; les gens modestes qui, par naïveté ou sot orgueil, se sont glissés dans ces mêlées en sortent couverts de horions. Il n'y a vraiment que les couturiers qui aient intérêt à voir durer cette farandole, car, quelle que soit la main qui paye, leur profit est net.

Je suppose que vous êtes un père de famille en passe de marier votre fille. Tout jeune vous avez fréquenté le monde ; vous savez quel métier y font les célibataires. Comme mari, vous connaissez les tentations qui assaillent les femmes, si elles sont fragiles ; les amertumes qui les abreuvent, si elles sont honnêtes. Alors, dites-moi ? quand cette toupie bariolée, cette cohue sans âme, unique dans les nacres de sa décomposition, qu'est la société moderne, tourne, ronfle devant vous, est-ce qu'il ne vous vient pas des vertiges à la pensée de faire entrer dans cette danse une âme qui vous est chère, une pureté qui vous a rafraîchi ? Est-ce qu'il ne vous est pas arrivé de fermer les yeux, d'appeler de vos vœux le cataclysme qui ensevelirait ces fous et leurs folies sous des ruines ?

La salle de bal croule et devient catacombe...

Je n'ai pas l'âme anarchiste et je forme, pour ma part, ce rêve champêtre :

Derrière le décor qui se lézarde, il me semble que j'aperçois un paysage plus frais. Eh oui, mon Dieu ! de nouveau, la petite maison dont je vous parlais naguère. Les lilas ont poussé, les enfants ont grandi, les parents dont, autrefois, la jeune femme craignait la visite, sont maintenant accueillis avec plaisir. Ils ne tiennent plus rigueur à leur gendre de la modestie de ses commencements.

C'est qu'aussi il souffle sur le pays un air nouveau. Ceux de France se sont avisés que le meilleur moyen d'isoler les exotiques qui avaient défiguré leurs mœurs était de se détacher du luxe acquis par n'importe qui de n'importe quelle façon. Ils ont rendu leur estime à la politesse, à l'urbanité, à la culture, aux dons de race que l'or n'achète pas. Ainsi le snobisme a réparé les maux que le snobisme avait causés. *Il a mis la* SIMPLICITÉ *à la mode*. Ah ! l'excellent, l'utile snobisme, et comme à cette heure je regrette d'avoir médit de lui, autrefois !

X

RÉFORMES

« Sachez, mes chères filles, que rien n'est présentement si méprisé que la pauvre noblesse. L'argent est tout, dans le temps où nous sommes, et la guerre n'a épargné personne : celles qui ont laissé leurs parents avec deux mille livres de rente n'en trouveront peut-être pas mille ; celles qui en avaient mille n'en auront pas cinq cents ; celles même qui étaient le mieux ne trouveront pas grand'-

chose, et le plus grand nombre n'aura rien du tout. »

Ces paroles, que madame de Maintenon adressait à ses chères pupilles de Saint-Cyr, résument nos appréhensions actuelles. Remplacez le mot « pauvre noblesse » par celui de « bourgeoisie pauvre », haussez un peu le chiffre du revenu qui servait à faire figure en ce temps-là, et vous aurez une peinture exacte de nos inquiétudes. Ce n'est pas d'hier que le sort des enfants qui ont de l'éducation, de l'instruction, et peu ou point de dot, occupe les honnêtes gens. On l'a vu, je me sépare résolument de ceux qui cherchent pour nos filles une autre carrière que le mariage. Je n'entre pas cette fois-ci dans l'examen des formes que l'on pourrait

9.

donner à la vie de la femme célibataire ou indépendante. Je cherche dans quelles conditions nous espérons marier nos filles avec des chances humaines de bonheur.

J'ai cité madame de Maintenon. On me permettra de revenir à elle avant que de parler des réformes d'éducation essayées par ceux de nos voisins que la faillite du mariage a préoccupés avant nous. Aussi bien, le cas où les élèves de Saint-Cyr se trouvaient au début du XVIIIe siècle, rappelle, par plus d'un côté, celui des jeunes filles de bonne bourgeoisie à la fin du XIXe.

Les rêves de madame de Maintenon furent les nôtres et nous repassons par ses déceptions. Il en faut lire l'histoire contée par M. Gréard dans son rare livre *Éducation des femmes par les femmes.*

Toute la philosophie de la question a été exposée là par un moraliste qui, de plus, est un grand éducateur. Je me suis trop nourri de sa pensée, de sa science, de sa clarté, pour ne pas lui rendre, sur la route, l'hommage que je lui dois. Je suis sûr d'acquérir un titre à la reconnaissance des parents qui s'intéressent aux questions de l'éducation féminine en les renvoyant à ces sources [1].

Ce fut au lendemain même de la représentation d'*Athalie* que madame de Maintenon s'avisa qu'elle avait fait fausse route en cherchant à élever ses pupilles, par la culture et le savoir, au-dessus de la condition féminine. Elle eut cette noblesse de s'accuser elle-même :

1. Chez Hachette.

« Mon orgueil, dit-elle, s'est répandu par toute la maison. Dieu sait que j'ai voulu établir la vertu à Saint-Cyr; mais j'ai bâti sur le sable. J'ai souhaité que nos filles eussent de l'esprit, qu'on leur élevât le cœur, qu'on leur formât leur raison. Elles ont de l'esprit et s'en servent contre nous: elles ont le cœur élevé et sont plus hautaines que des princesses; nous avons formé leur raison et fait des discoureuses, présomptueuses, curieuses, hardies... Il faut reprendre notre établissement par ses fondements. Nos filles ont été trop considérées, trop caressées, trop ménagées. Il faut renoncer à nos airs de grandeur, à ce goût de l'esprit, à cette délicatesse, à cette liberté de parler, à ces murmures, à ces manières de raillerie, toutes mondaines, enfin, à la plupart des choses que nous faisions. »

Y a-t-il un mot à retrancher dans cette contrition ? Est-ce que le *mea culpa* de madame de Maintenon ne devrait pas être le nôtre ?

Elle eut ce mérite, plus rare encore que la sincérité : le courage de la réforme. Elle se souvint de cet idéal de la mère de famille que Fénelon lui avait proposé : « La femme sera chargée de l'éducation de ses enfants, des garçons jusqu'à un certain âge, des filles jusqu'à ce qu'elles se marient ou se fassent religieuses, de la conduite des domestiques, de leurs mœurs, de leurs services, du détail de la dépense, des moyens de tout faire avec écononomie et honorablement ». Elle mit ce programme en pratique, et Saint-Cyr devint une ruche de laborieuses abeilles. Les grandes demoiselles y étaient façonnées d'avance aux soins de la tendresse maternelle. Elles habillaient, peignaient, nettoyaient les petites. A tour de rôle, chacune d'elles passait par les travaux de l'infirmerie, de l'apothicairerie, de la lingerie, du dortoir, du réfectoire. On faisait son lit, on frottait, on époussetait, on ramassait des fruits, on épluchait des fleurs pour les sirops et des légumes pour la soupe. On faisait de la couture utile, variée, « passant du neuf au vieux, du beau au grossier, des habits aux bonnets et aux coiffes ». Il s'agissait d'apprendre à raccommoder, à repriser, à broder, à tricoter, à tailler, « à faire un peu de tout ». Cela n'allait pas sans lutte. Les familles ne comprenaient pas qu'on plaçât leurs filles chez une lingère ou chez une coiffeuse; mais madame de Maintenon était tout à fait sûre que, cette fois, elle marchait dans le droit chemin, et elle tenait bon.

Voilà les mœurs qui firent de tant de femmes de noblesse, d'admirables éducatrices. Elles formèrent ces jeunes filles, ces jeunes femmes que la tourmente révolutionnaire trouva prêtes à supporter, sans ressources, toutes les misères de l'exil.

Il n'y a pas souvent deux remèdes vraiment souverains pour le même mal. L'idéal de vie pratique par où madame de

Maintenon guérit ses filles de leur orgueil est apparu naguère aux réformateurs du Nord comme le meilleur moyen d'élever la jeune fille en dignité et de la préparer à son rôle d'amour. Je songe ici à la Suède, pays aristocratique et qui a sur la Norvège l'avantage inappréciable de posséder une tradition. On me cita, quand j'y vins, l'initiative typique de deux jeunes filles de bonne naissance. Persuadées qu'elles ne savaient rien des difficultés de la vie et qu'il était de leur intérêt de ne les point ignorer, elles s'étaient rendues dans une ville où on ne les connaissait pas. Là, elles travaillaient à la journée comme couturières et vivaient de leur aiguille.

A Upsal, j'ai visité des écoles de cuisine :

des jeunes filles d'excellente bourgeoisie, quelques-unes nobles, viennent, leurs études finies, y apprendre cet art utile entre tous. En même temps ces maisons reçoivent des filles du peuple, qui, elles, sortiront avec un diplôme. Non seulement les jeunes bourgeoises ne se considèrent point comme diminuées par ces contacts, mais elles s'y plaisent dans un esprit très élevé de charité sociale et chrétienne. Elles partagent les travaux de leurs humbles compagnes, jusqu'à leurs dortoirs. Afin que leur peine ne soit pas perdue, la cuisine qu'elles accommodent est servie à bas prix sur la table des étudiants pauvres.

Ces jeunes filles sont soutenues dans leur humilité par un sentiment qui me semble rare. Elles savent qu'un grand effort a été tenté dans leur pays pour reforger scientifiquement une race que la mauvaise hygiène, la tuberculose et l'alcoolisme avaient gravement atteinte. Elles n'ignorent pas que l'on recrée les os d'un peuple par la nourriture, que l'on empêche l'homme de déserter la maison en lui faisant trouver à son foyer du confortable et de la douceur de vie. Il y a un bel élan de patriotisme dans leurs tentatives. A supposer que, plus tard, elles n'aient pas la nécessité de mettre la main aux casseroles, elles sont du moins en état de surveiller exactement leurs dépenses, de dresser leurs servantes, de faire — comme disait Valère — « bonne chère avec peu d'argent ».

L'Angleterre offre un spécimen intéressant de ces « simplifications ».

Elle a créé la « nurse ».

La révolution que les doctrines microbiennes, la pratique de l'antisepsie ont apportée dans l'art d'élever l'être humain, de le soigner quand il est malade, de le panser quand il a reçu une blessure, ont ouvert un champ très large à la bonne volonté et à la délicatesse féminines. Est-il besoin de rappeler que les plus élémentaires principes d'hygiène pratique sont tout à fait bannis de l'éducation de nos filles ? Le jour où le mariage leur apporte un premier enfant, elles sont prises au dépourvu. Elles sont obligées de s'en remettre à la prétendue expérience des grand'mères ou des nourrices sèches.

Si, l'été, on habite une campagne un peu isolée, c'est un perpétuel tourment. Un des obstacles auxquels on se heurte, quand on propose à nos mères de famille de marier leurs filles à des hommes d'initiative qui les conduiraient vivre aux colonies, c'est ce cri désespéré :

— Ma fille n'ira pas habiter un pays où il faut faire dix lieues pour trouver un médecin !

Et, en effet, cette fille ne sait ni panser une blessure, ni laver une plaie, ni tourner une bande autour d'un membre brisé, pas même prendre une température...

Les jeunes Anglaises qui, elles, sont destinées à faire des mariages d'amour et à suivre leurs maris jusqu'au bout du monde ont pensé qu'elles apporteraient au fonds commun une valeur d'un grand prix si elles possédaient ce trésor des principes d'hygiène et de la médication usuelle. Il s'est formé des associations strictement laïques, encore qu'on y voie surtout entrer des jeunes personnes d'âme religieuse, au moins sérieusement élevées. Elles ont pour but de former des gardes-malades modèles. Des filles de négociants, des filles de pasteurs et des filles de lords ont jugé qu'entre la fin de leurs études et l'heure du mariage elles ne pouvaient mieux faire que de se pencher avec tendresse sur la souffrance humaine. Elles ont appris dans les hôpitaux l'art de soigner la douleur ; elles ont passé des examens qui sont une sanction de leur effort. Et alors, avec un petit bonnet blanc et une robe noire, elles se sont mises à la disposition des malades qui avaient besoin d'elles. Elles vont soigner dans leurs maisons des riches et des pauvres. Chacun les rétribue selon ses ressources. Tant que dure leur volonté de soutenir cette épreuve, leur gain appartient à l'œuvre. J'ai vu de telles jeunes filles au chevet de malades que j'aimais; je leur ai gardé une respectueuse dévotion pour leur belle humeur, leur savoir, leur bonne volonté, leur tact, toutes ces nuances qui, dans la chambre où l'on souffre, n'ont pas de prix.

Dira-t-on qu'il est impossible d'acclimater chez nous de telles mœurs?

On m'a parlé d'une jeune fille française, protestante, fort jolie, qui, à l'exemple des « nurses » anglaises, va porter ses soins d'infirmière aux malades de nos hôpitaux. Je n'ai jamais ouï dire qu'un étudiant lui eût manqué de respect. A supposer que quelque garçon mal éduqué ait parlé devant elle sur un ton dont sa pudeur ait pu se trouver blessée, j'ai la certitude que cette brutalité d'un goujat aura été moins dangereuse pour elle que tant de galanteries qui se murmurent en paroles voilées au bal et ailleurs. Si de tels exemples étaient suivis — et pourquoi ne le seraient-ils pas ? — il y a gros à parier que nos étudiants renonceraient volontiers à cette grossièreté qu'ils portent comme un uniforme et qui n'a pas de racines dans leurs cœurs. Bien mieux, il se ferait là des mariages d'amour. La maison de douleur est un bon endroit pour se rencontrer quand on a le cœur généreux et les forces de l'espérance.

Je n'espère pas que mes exhortations et celles d'autres prêcheurs de la bonne parole changent brusquement les mœurs. Nous aimons les nuances : nous nous choquons des secousses. Mais pourquoi des mondaines qui ont de l'autorité dans leur entourage, à Paris ou en province, ne prendraient-elles pas sous leur protection de telles tentatives ?

Nous sommes tous d'accord que les hasards de l'argent moderne peuvent réduire une fille, une femme bien élevée à la subite nécessité de gagner son pain.

A supposer que la vie lui soit clémente, nous sommes sûrs qu'un homme de cœur qui se sent le courage de fonder un foyer, de soutenir une famille par son travail, prendra confiance devant nos filles s'il les voit élevées dans des sentiments qui correspondent aux siens, s'il a la certitude que, dans le désastre où lui périrait, elles ne seraient pas fatalement englouties. Il faut donc éduquer nos filles de manière que le jour où cet homme nous dira : « Je voudrais me marier, » nous puissions lui répondre : « Nous avons formé la femme qu'il vous faut. Elle connaît les petits savoirs qui font les maisons heureuses, les secrets qui sont les grandes économies et qui, si la nécessité l'ordonne, se tournent en gagne-pain. »

Ces secrets-là n'ont guère varié depuis madame de Maintenon. C'est toujours l'art de la modiste et celui de la couturière; non pas l'humble travail où l'ouvrière s'épuise, mais l'œuvre de goût où l'éducation, le tact mondain, les instincts d'art, les dons les plus relevés, peuvent trouver leur emploi. C'est, si l'on veut, la peinture de décoration commerciale : peinture sur étoffes, peinture sur porcelaine, non pas le petit gribouillage qui est un jeu d'oisive, mais le vrai métier, celui qui trouve acheteur.

C'est la pratique de la sténographie et de la machine à écrire ; c'est cette science de l'hygiène qui prépare une femme aux délicates fonctions de la « nurse ».

Je dis garde-malade et non « doctoresse ».

— « Malheur ! écrivait aux conventionnels la marquise de Fontenay, malheur aux femmes qui méconnaissent leurs belles destinées pour s'affranchir de leurs devoirs et perdent les vertus de leur sexe sans acquérir celles du vôtre ! Ce que je réclame aujourd'hui pour les femmes avec la plus forte confiance, c'est l'honorable avantage d'être toutes appelées dans les asiles sacrés du malheur pour y prodiguer leurs soins et leurs douces consolations. Ordonnez, citoyens représentants, nos cœurs vous en conjurent, que toutes les jeunes filles, avant de prendre un époux, iront passer quelque temps dans les refuges de la pauvreté et de la douleur pour y secourir les malheureux et s'y exercer, sous les lois d'un régime organisé par vous, à toutes les vertus que la société a le droit d'attendre d'elles. »

Otez quelques points d'exclamation dans cette apostrophe de celle qui fut madame Tallien, substituez à la nécessité de la loi le libre mouvement de l'initiative et des cœurs, et nous n'aurons plus que l'occasion d'approuver. Il faut que la jeune fille de bourgeoisie moderne, riche ou pauvre, ait un état. On peut le lui donner sans l'exposer à des contacts fâcheux pour elle. Paris et les villes de province sont pleines de cours de peinture, de chant et de musique, de déclamation. Les mères qui conduisent leurs filles à ces leçons n'ont pas l'intention de les envoyer à l'École de Rome, ni de les faire, un jour, monter sur les planches? De même, on pourrait enseigner à une jeune fille l'art si délicat, si féminin, de construire et d'orner un chapeau sans s'engager à en faire une modiste. Si elle se mariait par la suite, ce savoir serait aussi agréable au mari que des récitations de vers; si elle ne se mariait point et si l'argent venait à manquer, l'habileté de ses doigts lui serait une sûre ressource.

J'ai la joie de penser que ces idées, si conformes aux nécessité de notre temps, sortent de la pure rêverie. L'hiver passé, j'ai reçu la visite d'une femme d'initiative qui se proposait d'ouvrir des cours de la couleur de ceux que je dépeins. Je n'ai pu obtenir d'elle qu'elle fît enseigner l'hygiène et formât des gardes-malades. Mais elle m'a promis que j'aurais toute satisfaction du côté des tailleuses, des modistes et de la peinture commerciale. Une lettre qu'elle m'écrivait hier m'annonce que les maîtres sont trouvés et que des familles semblent tentées...

Je suivrai cette expérience avec un intérêt bien vif. On n'a pas perdu son temps à prêcher la vérité, quand on a déterminé la vocation, fût-ce d'un seul disciple.

XI

LE MARIAGE EST UNE COMMUNAUTÉ

Au sujet de ces études j'ai reçu plusieurs lettres qui, différentes dans la forme, donnaient, dans le fond, la même note.

Elles disaient, ou à peu près :

« Vous signalez, monsieur, la faillite du mariage. Certes, au début de votre livre vous avez pris la précaution de dire que vous parliez du mariage à Paris, du mariage mondain, du mariage riche, du mariage des snobs, du mariage des oisifs, du mariage des « fils à papa », qui, dans les provinces, sont un reflet des corruptions de la capitale. Vous ne nous donnez pas ces gens-là pour la France, pour l'âme de la France, pour la moisson d'aujourd'hui, pour l'espoir de demain? Tout de même, vous devriez répéter que vous peignez les mœurs d'une bande de jouisseurs, de dégénérés, d'inutiles qui, n'étant pas adaptés aux conditions de la lutte moderne pour la vie, aiment mieux disparaître que se soumettre à la loi du travail. »

Ceux qui s'imaginent qu'en France l'institution de mariage serait à cette heure condamnée par un plébiscite prouvent seulement qu'ils ignorent l'état d'esprit des millions de paysans dont l'opinion, jetée dans la balance, ferait sauter les adversaires du mariage pardessus les toits.

Allez donc un peu demander aux fermières de France si elles trouvent qu'on leur mesure la considération, si leur place est sans honneur au foyer conjugal! Nous connaissons comme vous le vieux refrain de Pierre Dupont : « J'aime bien Jeanne, ma femme, mais j aime mieux mes bœufs. » D'accord : le paysan n'est pas sentimental, il est pratique ; mais c'est justement parce qu'il est pratique qu'il estime les qualités d'économie, d'administration, d'ordre de surveillance qu'une femme apporte dans sa maison. Il n'ignore pas, s'il veut réussir, que son intendant doit être son étroit associé. Dans cette certitude, le mariage lui apparaît encore comme la forme la plus parfaite des associations possibles, tandis qu'avec les différents accents de terroir d'un bout à l'autre de la France, il répète ce proverbe :

« Mieux vaut le feu chez soi qu'une servante-maîtresse. »

Il se peut que l'ouvrier, qui, lui, ne possède pas, qui vit du gain de chaque jour, soit moins attaché que le paysan à l'institution du mariage. Une liaison irrégulière lui suffit souvent : on se prend, on se quitte, on change de femme entre voisins. Qu'est-ce que cela prouve? Que le désir sans règle est inconstant, que l'éducation sociale de l'ouvrier est encore à faire... Cela ne démontre point que l'union d'un homme et d'une femme, la monogamie avec la communauté des intérêts, des chagrins et des tendresses, ne soit pas la plus parfaite de toutes les formes de vie auxquelles l'humanité demande le bonheur. Ce n'est, en effet, que dans les très grandes villes, là où l'offre de la débauche est encombrante, que l'ouvrier vit en célibataire. Son instinct, c'est le foyer, avec une femme qui allume le feu et la lampe, avec ces enfants que l'homme du peuple aime comme un espoir de revanche, comme le billet qui gagnera à la loterie du destin.

Élevez-vous un peu plus haut, jusqu'à la classe d'où la bourgeoisie est sortie: le monde des marchands. Demandez au petit commerçant qui tient boutique ce qu'il pense de l'institution de mariage et de son utilité ?

Il vous répondra :

— Les demoiselles, c'est-à-dire les femmes, sont, pour nous autres petits commerçants, des auxiliaires bien plus précieux que le commis. La clientèle les préfère et elles nous coûtent moins cher que l'homme. Voyez-vous un célibataire au milieu de toute cette jeunesse ? Si le mariage, si le respect que l'on doit à sa femme n'étaient pas là pour imposer un frein aux caprices, toutes ces ruches de travail que vous admirez seraient autant de sérails. Le mariage, monsieur, c'est la fortune et la moralité du commerce.

Additionnez ces suffrages des paysans,

des ouvriers et des petits bourgeois, et vous conclurez avec moi que le mariage n'est pas une institution aussi caduque qu'on le prétend au Théâtre-Libre et au Théâtre-Français, dans les romans sentimentaux et dans les romans pornographiques, dans certains salons de Paris et sur les plages de bains de mer. Ce qui demeure acquis, par exemple, avec une évidence d'axiome, c'est que le mariage est battu en brèche par une minorité où l'homme et la femme, ouvertement ennemis, n'associent que leurs égoïsmes, avec l'espoir de dominer leurs adversaires et de s'en faire un marchepied ; tandis qu'il est en faveur — aujourd'hui comme jadis — dans tous les milieux où l'homme et la femme s'entr'aident, se complètent, unissent leurs efforts en vue d'un but commun.

Je dis un « but commun », car c'est une tendance périlleuse des partisans de l'émancipation de la femme que de lui donner un état qui, dans ses préoccupations, la sépare de son mari. J'ai suivi à cet égard plusieurs expériences dont j'ai vu des effets identiques.

Supposez que l'homme soit, par exemple, chef de bureau dans quelque administration privée et que, pour accroître le revenu, doter un jour les filles, la femme ait ouvert un magasin de modes. Qu'arrivera-t-il, quand ces deux époux et leurs enfants se retrouveront réunis, deux fois par jour, dans « l'appartement », afin de prendre leurs repas en commun? Tout le monde souffrira des négligences de service qu'entraînent l'absence régulière d'une maîtresse de maison et l'abandon aux serviteurs des initiatives utiles. Le soir, lorsque les enfants seront au lit, et que le père et la mère se trouveront en face l'un de l'autre, la diversité de leurs occupations créera entre eux d'innombrables malentendus. Lui, il apportera les difficultés de son bureau, les observations injustes des supérieurs hiérarchiques, l'énervement des passe-droits. Elle, sera prisonnière d'un inventaire heureux ou malheureux, des tracas que lui donneront la concurrence et les mauvais payeurs. De la sorte, il y a bien des chances pour qu'ils ne soient jamais d'accord. Quand il apportera de la joie, elle sera morose, au moins mal disposée ; quand elle lui viendra satisfaite, avec cet épanouissement d'âme qui, tout de suite, chez la femme, se tourne en délicatesse de sentiment, elle sera froissée de constater qu'on ne répond point à ses avances affectueuses. Ainsi, le travail lui-même, s'il sépare les intérêts des époux, leurs préoccupations, leurs espoirs, devient pour le bonheur conjugal presque aussi dangereux que la différence des goûts dans le plaisir, voire que les égoïsmes tout à fait incompatibles.

Communauté, le mariage est une communauté, et plus on met de tendresses en commun dans cette communauté-là, plus il y a de chances d'y abriter le bonheur. Cela est si sûr que dans les ménages qui marchent le plus mal, vous voyez les difficultés d'argent, les grandes crises qui bouleversent des vies, qui brusquement font tomber une famille de la prospérité dans la gêne, ranimer souvent l'amour, en tout cas être l'occasion d'un rapprochement entre deux êtres qui avaient désappris de se chérir. Regardez autour de vous : vous les verrez nombreux, ces enfants attardés qui viennent au monde au lendemain d'un chagrin, d'une ruine, pour témoigner que la souffrance est utile à l'homme, qu'elle est plus féconde que la prospérité, que son pain n'est pas si amer qu'on le prétend, puisque c'est un pain que l'on partage.

Quelles occasions les jeunes filles que j'ai eu particulièrement en vue en écrivant ces pages ont-elles de se mêler un jour à la vie de leurs maris, non pas seulement à leur vie sentimentale, mais à leur vie active?

Nous avons constaté autrefois — à propos de l'éducation de nos fils — que ce qui distinguait le plus nettement le noble du bourgeois, c'était le mépris que l'un des deux avait pour le travail, et, au contraire, l'estime où le travail était tenu par l'autre.

La noblesse repousse la loi du travail pour l'homme aussi bien que pour la femme; elle considère la « profession » comme une déchéance. La bourgeoisie aux tendances aristocratiques dont je peins ici les mœurs a retenu la moitié de ce préjugé. Elle admet la loi du travail pour l'homme, à la condition que ce travail prenne la forme d'une profession libérale. Elle la repousse absolument en ce qui concerne la femme. Une mondaine que des revers de fortune obligeraient à demander le pain de chaque jour à un commerce verrait les portes des salons se fermer immédiatement devant elle, quelles que fussent sa culture et son éducation, et alors même que, par un effort industrieux, elle aurait rétabli sa fortune.

La société bourgeoise est, en ces matières, aussi impitoyable dans ses arrêts que la pure noblesse. Elle considère qu'une femme déchoit en renonçant à l'oisiveté. Il n'y a que le peuple qui accepte de voir l'homme et la femme également soumis à la loi du travail.

Je suis de ceux que ces préjugés archaïques blessent profondément. La Parisienne ne me semble pas ennoblie par les visites inutiles qu'elle rend dans des salons où souvent on a désappris même de la nommer à la porte. Je n'ai pas remarqué que sa culture artistique avait été très affinée par les apparitions qu'elle fait dans les galeries de peinture, les jours de vernissage, c'est-à-dire la seule fois où il est impossible de regarder les tableaux. Ainsi de suite.

D'autre part, j'estime à son prix la délicatesse qui refuse d'exposer une femme d'éducation supérieure au contact de gens plus ou moins mal élevés, qui, sous prétexte qu'elle est commerçante et qu'ils l'obligent trop en lui apportant leur argent, se croiraient dispensés vis-à-vis d'elle des nuances d'égards dont la caresse donne aux femmes d'un certain milieu ce velouté qu'on aime à goûter sur les fruits frais.

Est-il impossible de concilier toutes ces nécessités de la vie moderne avec ce qu'il y a d'honorable dans les préjugés d'autrefois? Peut-on faire à la femme de bourgeoisie affinée dont nous parlons une place dans la vie active de son mari sans l'exposer à ces contacts qui la blessent et qui nous choquent? Y a-t-il une forme de vie où la femme, sans cesser d'être maîtresse de maison (ce qui demeure, nous en sommes sûr, le premier et le plus utile des devoirs), peut devenir, dans une part très large, l'associée du mari, la compagne de son effort, la confidente de ses préoccupations comme de ses espoirs ?

Autant de questions auxquelles il y a plus d'une réponse substantielle à fournir. J'en indiquerai l'esprit dans les rapides conclusions par où, momentanément, je clos cette enquête. Je voudrais, seulement, proposer en méditation aux jeunes filles, aux parents qui pourraient me lire, une leçon de sagesse que je leur apporte de loin, d'une civilisation toute différente de la nôtre et qui par des moyens très exactement appropriés aux conditions particulières de sa vie, a tenté de résoudre la question des rapports de l'homme avec la femme dans le mariage.

Je songe à une sorte de manuel que

les hommes du Désert mettent dans la mémoire de la jeune épousée avant qu'elle franchisse le seuil de la tente conjugale.

« Ne t'imagine pas — dit à la jeune mariée ce catéchisme musulman — que, parce que tu es la plus jolie, le cœur de l'homme t'appartiendra tout entier. Il ne sera à toi que peu de minutes par jour : à l'instant du désir ; pour le reste, l'homme sera dans la domination des vieilles épouses, car ce sont elles qui préparent ses plats favoris, ce sont elles qui peuvent lui dire : « Rappelle-toi comme tu as triomphé dans tes procès, comme tu as été brave à la guerre ! » Il faut que la jeune épouse courtise les vieilles épouses afin d'apprendre de leur bouche ce que le mari souhaite et ce qu'il déteste, le nom de ses amis, et le nom de ses ennemis. Si elle néglige ces soins, si elle est arrogante et trop sûre de son sourire, la dernière venue sera répudiée. »

Traduisons cela, s'il vous plaît, en bon français. Quelle morale tirerons-nous de ces exhortations ?

Celle-ci, mademoiselle :

Que votre mariage ait été béni par le marabout de Métlili ou par M. le curé de la Madeleine, que les vieilles épouses soient installées dans la tente ou qu'elles habitent au dehors, il faut vous attendre à ce que l'homme qui vous prend la main ait un passé. Vous pouvez être son avenir, mais à une condition, c'est que vous vous ferez la compagne de ses espoirs, l'amie de ses déceptions, que vous vivrez avec lui en communauté de pensées et de cœur.

Si vous êtes capable de cet effort de tendresse, le bonheur de votre maison sera à l'abri des caprices de la fortune. Si vous voulez rester égoïste et oisive, un objet de pure distraction et de luxe à côté de l'homme travailleur, vous aurez le sort de cette petite épouse, « la dernière venue » qui comptait sur son sourire pour enchaîner le cœur du mari : vous serez répudiée.

XII

CONCLUSIONS

Un aristocrate, c'est un être de choix que des privilèges ont héréditairement protégé contre les besognes qui déforment le corps et l'esprit.

On pourrait encadrer dans cette définition la femme de haute bourgeoisie qui a été l'objet de cette étude. Oui, un être d'élection que l'éducation et la fortune façonnent pour la beauté et pour les grâces de l'esprit, voilà bien ce que nous avons tenté de faire avec notre fille. Elle est une aristocrate, puisqu'elle échappe à la loi du travail. Elle naît avec ce privilège : son père, puis son mari devront suffire à tous ses besoins. La charge de ce contrat, c'est que, dans le mariage, elle appartient à l'époux comme l'homme de noblesse appartenait à son roi; c'est sa personne, sa vie qu'elle donne.

Plus je m'attache à cette comparaison, plus elle me paraît exacte jusque dans ses nuances. Le mouvement même que l'on désigne aujourd'hui sous la rubrique de « féministe » me semble établir cette aristocratique supériorité de naissance que notre femme de bourgeoisie a sur l'homme. Quand ces novateurs réclament l'égalité des droits pour les sexes, ils estiment qu'en obtenant l'accès des professions viriles, la femme se hausse. Je reconnais avec eux que l'homme et la femme de bourgeoisie occupent dans la hiérarchie sociale des positions différentes; mais je suis certain que l'établissement de l'égalité serait, pour la femme, une déchéance.

Elle est une aristocrate. C'est le choix, l'élection qui ont fait d'elle la créature privilégiée qu'elle est devenue. Il y a des besognes auxquelles il lui est impossible de se plier sans déformer son corps et son esprit. Il y en a, au contraire, auxquelles elle se peut attacher, sans « dérogeance ». Et comme les préjugés qui s'imposent à l'opinion s'appuient d'ordinaire sur la logique, il arrive que ces occupations auxquelles les femmes de bonne bourgeoisie pourraient se livrer, sans cesser d'être ce que nous aimons qu'elles soient, sont tout justement les initiatives dont, dans un autre temps, le Roi permit l'usage aux gens de naissance, en déclarant qu'elles ne faisaient point perdre la noblesse.

Ce fut toujours une nécessité sociale qui vint à propos corriger ce qu'il y avait d'excessif dans les privilèges des castes. On vit alors le préjugé entrer en accommodement avec les contemporains, sacrifier ce qu'il y avait d'abusif, sauver ce qu'il y avait d'essentiel dans sa résistance. Dieu sait que les gens du xve siècle devaient se faire violence pour considérer comme des gentilshommes les verriers qui, jamais, n'avaient fait campagne, qu'à la gueule d'un four. Cependant, il y avait urgente nécessité que la France ne restât pas tributaire des nations voisines pour la fourniture du verre. Et le souci du bien public fut plus fort que les répugnances. Ce n'étaient pas seulement des chefs d'usine, des Brysonale, des Jéhan Hennezel, des Guillaume du Tyzon qui avaient droit aux lettres de noblesse, mais les plus modestes « ouvriers demeurant ez verrières et ouvrant le verre ».

A la fin du XVIIIe siècle, quand il fut acquis que la bourse du roi n'était plus assez profonde pour entretenir toute sa noblesse, doter les filles et les cadets, on ouvrit aux gentilshommes le commerce de la mer; on estima qu'ils demeuraient dans leur instinct, qu'ils trouvaient l'emploi de leurs dons de race dans la conquête pacifique du monde. On revint à la culture de la terre, à l'exploitation personnelle des domaines. On espéra, par une surveillance exacte, tirer du sol un revenu meilleur que n'avaient fait les intendants. Surtout, on donna satisfaction à une inquiétude d'esprit dont Rousseau était le père. On voulut fuir une civilisation dont la splendeur se lézardait, retrouver la paix de l'esprit et du cœur, l'estime de la vertu, l'énergie, dans le tête-à-tête avec la nature. Ce mouvement garda au Parc de Sceaux une allure théâtrale et mondaine. Il eut ailleurs une sincérité qui aurait pu sauver la noblesse du total naufrage, si ces initiatives n'eussent été trop tardives.

Cet exemple historique nous sera-t-il de quelque profit ?

Nous avons constaté plus d'une fois, au cours de ces réflexions, que la situation de la haute bourgeoisie française à la fin du XIXe siècle a des rapports étroits avec les difficultés où se débattit la noblesse pendant tout le XVIIIe. Peut-être en est-on autorisé à conclure qu'il faut appliquer aux mêmes maux les mêmes remèdes, avec cet avantage que l'exemple de nos prédécesseurs est là pour nous avertir, lorsque notre misère n'est pas encore incurable.

La noblesse s'était résolue à quitter la

Cour où elle ne pouvait se soutenir sans d'effroyables dépenses. Il nous faut de même renoncer à braquer sur Paris, sur les plaisirs de Paris, sur les chances que l'on a de faire fortune à Paris, tout l'effort de nos ambitions. Il convient de retourner à l'industrie, isolée dans les provinces, à la terre qui, alors même qu'elle n'enrichit pas, fait subsister. Et pour les âmes plus hardies, en qui survit une étincelle de ce bel enthousiasme qui jadis emporta les La Fayette, toute une génération vers l'inconnu du Nouveau Monde, le domaine colonial est ouvert.

Dans ces trois formes de l'activité, nos filles auraient près de nos fils un emploi à tenir. Mieux préparées par une instruction spéciale, surtout par une éducation qui formerait leurs caractères, elles trouveraient aux côtés de l'homme l'usage de leur activité intellectuelle et sentimentale, pour le grand profit d'elles-mêmes, de la famille et de la société.

Je me propose d'étudier prochainement, dans le détail, les formes d'instruction et d'éducation qui pourraient former nos enfants à cette vie nouvelle[1]. Je ne veux point clore ce livre sans en esquisser le tableau dans ses traits essentiels.

Je suppose qu'une bonne éducation familiale et commerciale nous ait reconquis notre ancienne supériorité sur les marchés du monde, que notre industrie soit réveillée de sa léthargie; je suppose

1. *Les Enfants de France.* (En préparation.)

que toutes les cheminées d'usine, qui actuellement se dressent, mornes, dans tant de vallées, au bord de tant de quais déserts, soufflent de nouveau vers le ciel leur haleine de fumée; je suppose que ce soit chez nous, et non plus en Allemagne, que les fabriques se multiplient avec la confiance de la prospérité. Il ne faudrait pas imaginer pour cela que la lutte des classes sera supprimée du jour au lendemain par la facilité des gains et l'élévation des salaires.

Dans ce village qui s'est bâti autour de l'usine, comme jadis autour de la cathédrale, il y a toujours des intérêts qui se croient inconciliables, une fermentation de toutes les passions que l'ignorance et la mauvaise foi entrétiennent. Il y a un ingénieur, un maître de forges qui est le suzerain de cette agglomération d'hommes, et qui, par le seul fait de sa supériorité et de son commandement, est exposé aux défiances de sa clientèle. Ses responsabilités l'obligent à être parfois impitoyable.

C'est son rôle de résister, comme c'est le penchant de ceux qu'il emploie, de revendiquer toujours. Heureusement, entre ces deux adversaires, se place une conciliatrice qui peut, qui doit aller de l'un à l'autre, qui a la mission de la pitié, le culte de la souffrance, que l'on voit à l'hôpital en temps d'épidémie, à l'école quand il fait froid, à la crèche pendant que les mères travaillent, dont la présence est espérée aux jours de grève, et qui a qualité pour prêcher la patience, plaider, devant le droit, la cause de l'infortune.

Je n'ai pas la sotte prétention de penser que j'indique à quelques femmes supérieures un emploi de charité qu'elles ne soupçonnaient pas. J'affirme que dans la lutte des classes, entre les partis combattants, nos filles ont à jouer, à côté de leurs maris, un rôle d'apaisement politique, de fraternité sociale, auquel personne ne les a préparées.

D'autre part, supposons que la vie de famille ait été remise en honneur, que nos filles la rêvent saine et large, sans témoins envieux d'un luxe inconsidéré. On leur montrera quelle vie de dignité et de tranquille bonheur elles pourraient mener dans de grands domaines agricoles, gérés en commun par elles et leurs maris. « Heureuses les dindonnières ! » disait madame de Maintenon à ses filles de Saint-Cyr, quand elle voyait certaines moues accueillir ses exhortations à la simplicité champêtre.

Nous avons de même un snobisme qui entraîne beaucoup de Parisiennes, beaucoup de femmes de haute bourgeoisie française à abdiquer leurs goûts naturels, leur tact, leur sentiment des nuances, pour imiter toutes les comtesses d'aventure, toutes les millionnaires exotiques qui prennent Paris pour leur casino. On pourrait essayer d'éveiller chez ces Françaises un autre snobisme, bienfaisant celui-là, qui les porterait à prendre pour modèles tant de femmes de noblesse provinciale que Paris ne connaît pas. Celles-ci restent toute l'année sur leur terres; elles en vivent, à côté de leurs maris; elles les administrent comme de supérieures fermières, et, dans ces travaux, elles ont su demeurer — selon un mot de la comtesse d'Isly qui mériterait de faire fortune — « bonnes à la Cour et à la basse-cour ».

Si l'on estime que le produit de la terre française ne suffit plus à assurer la vie d'une famille bourgeoise, que l'on se tourne vers ce domaine colonial qui est en friche. J'aurai, cette fois, l'occasion de peindre, d'après nature, des expériences que j'ai suivies, où je me suis mêlé[1]. Je ne puis croire que le sincère

1. *Je deviens colon.* (Chez Calmann Lévy.)

amour avec lequel je révélerai, à des jeunes filles qui l'ignorent, cette vie qu'elles pourraient connaître sur la terre vierge, auprès d'hommes dignes d'elles, ne touchera pas quelques jeunes cœurs que la vanité et le goût de jouissance n'ont pas encore pourris.

Ma confiance dans le bonheur qui attend nos enfants, lorsqu'ils mettront quelque foi dans leur réciproque amour, dans l'estime de leur double initiative, dans la certitude qu'ils peuvent se suffire l'un à l'autre, est si éclairée par l'expérience que, pour déplorable qu'il m'apparaisse, de tout mon cœur j'applaudirais au mouvement insensé qui pousse aujourd'hui tant de femmes vers les professions viriles, si toutes ces femmes médecins, chimistes, avocates, bureaucrates, quoi encore? devaient faire baisser le salaire de l'homme, l'affamer, le bouter enfin hors de France.

Soyez tranquilles, du jour où votre fils aura passé la mer, elles ne lui suffiront pas longtemps, ces femmes exotiques dont son désir s'amuse, quand il les rencontre sur le trottoir de Paris. Exilé, il n'aura plus qu'une idée : prier une fille de France de lui rapporter dans son sourire toutes les douceurs, toutes les nuances, toutes les grâces de la patrie. Il travaillera avec une énergie d'homme, avec une impatience d'amant à fonder la maison où il pourra abriter enfin un bonheur mérité.

Ceci n'est point un rêve, mais une réalité. Je la touche dans tant de lettres que reçoivent, avec moi, ceux qui ont des fils au loin. Il n'y a pas deux remèdes à l'angoisse qui pèse sur les parents de cette génération, et qui, plus lourdement encore, écrasera les pères et les mères de demain :

Ou nous continuerons à faire de nos fils et de nos filles des êtres faibles, dépendants, énervés de bien-être et de luxe que notre imprévoyante tendresse n'ose pas confier à la vie, et alors, par le célibat des unes, par l'immoralité et l'égoïsme des autres, ce sera le prompt suicide de cette haute bourgeoisie française qui a fourni au monde des types si supérieurs d'humanité ;

Ou bien nous élèverons nos fils et nos

filles dans la pensée de leur confier à eux-mêmes la responsabilité de leurs destinées, le soin de leur propre bonheur, — et alors, par le réveil de l'amour et de l'énergie, ce sera sous nos yeux la renaissance espérée, la création d'une France nouvelle.

Hâtons-nous. Déjà notre génération ne peut presque plus rien pour cette patrie tant aimée. Nous n'avons pas su rétablir l'intégrité du territoire : sauvons la race.

APPENDICE

J'apporte ici, — comme un post-scriptum — quelques billets choisis dans la correspondance qui au cours de ces études, s'est ouverte, entre de gracieuses inconnues et l'auteur de ce petit livre.

Dans les lettres qu'on va lire, il n'a été fait que les coupures indispensables. Le style même a été respecté. Je me suis contenté, ici et là, de remettre sur ses pieds une phrase trop boiteuse. C'est donc une partie du dossier où j'ai puisé mes renseignements et mes arguments que je mets, ici, sous les yeux du lecteur.

On remarquera tout d'abord deux documents importants que j'emprunte à la célèbre revue féministe anglaise le *Royaume des Dames*. Les auteurs de ces pages avaient été sollicités par l'éditeur de la Revue de donner leur sentiment sur une question qui ne préoccupe pas moins l'opinion publique en Angleterre qu'en France. Il m'a semblé qu'il était intéressant de soumettre au public français les sages réflexions que notre enquête avait provoquées.

Les lecteurs des *Notes sur la Norvège* reconnaîtront peut-être dans le document qui leur fait suite des pages que déjà j'ai publiées ailleurs. Comme j'avais cité plusieurs fois au cours de ces chapitres les compatriotes d'Ibsen et indiqué leurs audacieuses réformes, j'ai pensé que cette lettre d'une simplicité si éloquente était ici à sa place.

De même, bien qu'elle touche plutôt à la question des professions féminines qu'aux difficultés du mariage contemporain, j'ai voulu citer tout entière la lettre qu'une jeune institutrice allemande m'a envoyée d'une des villes de notre midi. La belle culture morale que cette lettre révèle, sa modération dans des vœux de sagesse très féminine, m'ont paru d'un utile exemple.

Et bien entendu j'ai voulu faire dans ce dossier à mes correspondantes françaises la place d'honneur que méritent leur esprit, leur mélancolie et leur divertissante audace. On trouvera ici sous cette rubrique d'Appendice, la lettre d'une de ces jeunes filles modernes à qui le travail manuel ne fait pas peur et qui préféreraient un bon état à l'oisiveté, si les mœurs leur en donnaient la licence ; puis les confidences voilées de tristesses d'une de ces héritières à cent mille francs de dot, qui, selon l'expérience toute récente des notaires, ont plus de peine que quiconque à se découvrir un mari ; — enfin nous céderons la parole à la sœur de Bob à laquelle aussi bien le dernier mot appartient dans toutes les discussions familiales.

Nous n'avons pas toujours été d'accord dans notre correspondance secrète, mais comment ne pas désarmer devant la promesse que fait cette émancipée de renoncer à tout ce qui en elle nous choque, le jour où les jeunes gens de sa génération lui apporteront « de la belle force tendre ».

I

« Que faire de nos filles ?

» Il se peut que beaucoup de gens pensent que c'est là une question oiseuse à poser, puisque les jeunes filles d'aujourd'hui y répondent en arrangeant leur vie d'après leurs propres idées. Mais la question cesse d'être inutile si elle signifie :

» Comment pouvons-nous aider nos filles à tirer le profit des talents qu'elles possèdent et à s'en faire un gagne-pain ?

» Plus précisément encore, dans quel chemin faut-il engager celles qui n'ont pas d'argent et qui devront demander le pain de chaque jour à leur travail.

» Bien entendu, il faut tâcher de distinguer la vocation spéciale de chaque jeune fille avant de l'engager dans une carrière. Des instincts d'art, une certaine facilité à écrire, du goût pour les mathématiques, du penchant pour la science, pour les études de médecine, ne prouvent nullement qu'on possède toutes les qualités nécessaires pour réussir dans une quelconque des carrières qui correspondent à ces goûts-là. Pour atteindre la distinction dans quelqu'une de ces professions, ce n'est pas la possession d'un seul don, fût-il exceptionnel, mais une réunion de dons variés et spéciaux qui est essentielle. L'ignorance de cette nécessité cause bien des désappointements et bien des chutes.

» Étant donnés les énormes avantages dont les femmes jouissent depuis bien des années, il est surprenant de constater combien peu d'entre elles se sont distinguées — encore que l'intelligence générale du sexe féminin soit sûrement en grand progrès depuis le temps de nos grand'-mères. Prenez comme exemple les femmes peintres : des centaines de jeunes filles, mal conseillées par des amis sans critique, qui voient du génie dans la facilité la plus ordinaire, suivent les cours des écoles d'art. Combien verrez-vous de ces jeunes filles s'élever à une distinction quelconque? Quelques-unes réussissent comme portraitistes, d'autres comme copistes, — notez que les bonnes copistes sont rares, — mais combien voyons-nous de femmes peintres qui soient douées de quelque pouvoir créateur ?

» Leur nombre est infime. Sans entrer dans cette question irritante et tant discutée, des poids et des grandeurs respectifs des cerveaux d'hommes et des cerveaux de femmes, il faut confesser que là où le pouvoir créateur et les facultés originales sont nécessaires, l'effort de la femme échoue souvent.

» Rien n'est plus attristant que de faire le tour des nombreux ateliers de Londres et de presque toutes les grandes villes. Ils sont encombrés de jeunes filles, très appliquées à perdre leur temps, en peignant un modèle prosaïque, d'une manière hideusement prosaïque. En étudiant la laideur de toutes leurs forces, — qui le plus souvent est de la faiblesse, — en formant entre elles une société d'admiration mutuelle, dans un décor de tabliers tachés, de figures barbouillées dans une odeur affreuse de térébenthine.

» Et c'est une autre tristesse de descendre le Strand, ou n'importe quelle rue où des peintures sont à vendre, tout encadrées pour quelques schellings. Le cadre souvent vaut plus que le tableau. On songe aux heures de travail, aux espérances, aux journées perdues de tous ces peintres, — généralement des jeunes filles — soutenus dans leur vain effort par des rêves qui ne se réaliseront jamais. Car, quand il s'agit de l'art, il ment, le beau proverbe : « Le génie n'est qu'une capacité infinie à se donner du mal. » Il faut ici cette divine étincelle qu'illumine l'esprit de l'artiste, qui inspire sa main, qui le rend capable de faire sa pensée vivante pour les autres, de montrer l'esprit, l'âme et le caractère de son modèle. Je sais bien que beaucoup de soi-disant Raphaëls en jupons ne seront pas de mon avis. N'importe ! J'estime que c'est faire une bonne œuvre que de dire aux jeunes filles : « L'art n'est pas une profession ».

» Que ne se tournent-elles vers une science pour laquelle l'expérience révèle qu'elles sont admirablement douées, encore que les femmes anglaises soient un peu en arrière sur ce point-là. Je veux dire l'économie domestique. Il y a beaucoup de femmes qui sont naturellement douées pour conduire la dépense d'une maison. De la cuisine au palais, il n'y a pas d'art plus nécessaire et je ne crains pas d'ajouter plus intéressant. En Angleterre, où les rentes dépendent si souvent du revenu de la terre, cet art-là est tout à fait essentiel. Si les femmes voulaient tourner de ce côté-là les dons réels qu'elles ont pour les affaires, non seulement le bien-être de la famille serait accru mais les revenus eux-mêmes seraient augmentés. En Allemagne, en Italie, en France, tout le monde comprend l'importance de ces pratiques, particulièrement en Allemagne où, à tous les degrés de l'échelle sociale, les jeunes filles sont instruites à fond, dans toutes les branches de l'économie domestique. Tantôt, on les instruit chez elles, tantôt elles vont faire leur apprentissage dans des écoles créées pour cet objet.

» On dit qu'il vaut mieux habiter l'étranger parce que la vie y est à meilleur marché. Et il y a chez nous beaucoup de gens qui vont s'installer hors d'Angleterre pour faire des économies. C'est, sans doute, une bonne pratique. Et plus on va loin, plus on peut tirer profit du changement de vie et du changement d'idées. Mais aujourd'hui, le prix des provisions de bouche est le même partout, ou à peu près. En Angleterre, nous avons une viande parfaite. Toutes les choses nécessaires à la vie sont, chez nous, au même prix qu'en France ou en Italie. C'est seulement à l'étranger que l'on comprend l'art de bien vivre, l'art de vivre avec un vrai confort. Personne, en Angleterre, n'a étudié cette question-là avec le soin, avec l'attention qu'elle mérite.

» Pourquoi les jeunes filles anglaises qui, pour gagner leur vie, sont obligées de quitter la maison paternelle, n'étudieraient-elles pas ce problème si intéressant. Pourquoi ne chercheraient-elles pas à entrer dans les maisons anglaises sur le même pied de savoir que tant de jeunes filles étrangères? En Allemagne, dans les familles où il n'y a pas de jeunes filles, vous trouvez presque partout une « demoiselle ». Elle a été instruite, élevée à balancer les dépenses d'une famille avec son revenu. Elle sait distribuer le travail aux domestiques, elle connaît l'art de procurer à son entourage un maximum de confort pour un minimum de dépense.

» Combien de femmes anglaises seraient soulagées par la présence dans leurs maisons d'une telle jeune fille qui ferait partie de la famille, surveillerait la dépense et empêcherait le gaspillage qui, de la plus modeste maison à la plus riche, est une règle dans nos familles anglaises.

» Les cours de cuisine ont fait beaucoup de bien chez nous. Ils en feront encore davantage. Pourquoi ne seraient-ils pas complétés par des cours d'économie domestique ? Je prie les parents qui cherchent une réponse à la question « Que ferons-nous de nos filles? » de réfléchir sur ces idées qui, peut-être, sont nouvelles pour eux. Il me semble que l'étude de la science du ménage, de l'économie domestique dans la maison paternelle ou dans une maison étrangère, est une réponse satisfaisante à leur embarras [1]. »

MRS. HENRY CHETWYND.

1. *The Lady's Realm* (London chez Autchinson). Novembre 1897.

II

» Si, à cette question :

» — Que faire de nos filles ?

» On répondait :

» — Marions-les.

» Beaucoup de gens diraient :

» — C'est une plaisanterie.

» Eh bien non, cela est tout à fait sérieux.

» Que souhaitons-nous pour nos filles ?

» Nous voulons leur donner l'indépendance, la sécurité pour l'avenir, autant que cela est possible sur la terre, enfin, une bonne situation dans le monde. Or, le dernier quart de siècle a beaucoup fait pour les femmes : il leur a ouvert des portes nombreuses sur toutes sortes d'activités et d'industries. Il a rendu beaucoup d'entre elles indépendantes, mais pour parler pratiquement, quel art, quelle science, quelle profession voyons-nous donner à une femme les biens matériels et permanents qu'elle trouverait dans l'union avec un homme — pourvu que son mari parcoure sa carrière avec le plus ordinaire des succès? Quand une femme doit jouer un rôle publique, — quelle que soit sa profession, — son triomphe est toujours lié à sa jeunesse. Supposons-la chanteuse, actrice... sa jeunesse passe, ses chances de succès s'en vont avec elle. Et il en irait de même si les mœurs lui ouvraient la carrière du droit ou de l'église. Quand la femme est en cause, des talents moyens avec de la beauté feraient leur chemin, de grands dons sans la grâce extérieure ne portent pas sur le public. Il est si humain de considérer une femme au point de vue de la beauté, que l'âge lui apporte un peu de ridicule. Une femme âgée devant la chaire, devant la table du conférencier, dans la perruque et la robe de l'avocat, provoquerait les rires. C'est inévitable. La nature humaine moyenne est sans pitié, sa pensée ne va guère au delà de ce qu'elle voit, elle dédaigne ce qu'elle ignore.

» Bien sûr, une femme peut s'adonner à l'art derrière sa porte close, elle peut peindre ou écrire, et, à moins qu'elle n'ait été « interwievée » aux jours de sa réussite, le monde ne saura jamais si elle est jeune ou vieille, belle ou fanée. Mais les modes changent en littérature et en art. On pourrait, sans impertinence, indiquer deux femmes écrivains dont les noms étaient célèbres il y a vingt ans. Si aujourd'hui, leurs œuvres atteignent trois ou quatre éditions, leurs éditeurs en font du bruit, et pourtant leurs productions actuelles ne sont pas inférieures à celles d'autrefois. Leur sort sera partagé par celles qui ont aujourd'hui la faveur du public. Il ne s'agit pas de savoir s'il en va de même pour les hommes, mais qu'en matière d'art, le plus rare mérite n'assure pas la durée de la popularité qui, par essence, est une chose éphémère.

» Or, par nature, les femmes désirent ce qui dure. Les admirateurs de la Sapho de Daudet remarquent avec regret qu'elle lutta continuellement pour asseoir ce qui passe sur un fondement inébranlable. La femme moyenne, elle, travaille, souffre patiemment, pourvu qu'à la fin de tout, elle aperçoive la certitude de la récompense. Le mariage paraît à une femme comme une condition durable. Ce n'est pas d'elle-même qu'elle songe à l'abroger, à l'annuler, à raccourcir sa durée. Et si, à la fin, elle arrive à formuler un tel désir, c'est quand le malheur l'a forcée de reconnaître que son dieu n'avait pas seulement des pieds de terre, mais des pieds d'argile, qu'il était de terre tout entier.

» Nous le savons, il n'y a pas assez d'hommes pour marier toutes les femmes, et, d'autre part, il y a des hommes et des femmes qui parlent du mariage comme d'une institution destinée à disparaître. Pourtant, ce mariage si attaqué continue d'être la carrière où entrent le plus grand nombre de femmes, — la carrière pour laquelle un très petit nombre d'entre nous ressentent réellement de l'aversion, — la carrière que l'on parcourt avec le plus de profit et d'honneur. Pourquoi, alors, vouloir affirmer à nos filles que le mariage sera mauvais pour elles quand nous l'avons trouvé bon et avantageux pour nous.

» C'est un fait connu que ce qui est ordinaire plaît à tout le monde. Nous sommes tous plus à notre aise avec un petit roitelet bien doux, bien lisse, bien inoffensif, qu'avec un oiseau de paradis. Tout de même, voyons-nous les jeunes filles moyennes, suffisamment intelligentes, passablement jolies, aimables et décidées à plaire, se marier par myriades, tandis que la beauté et le grand esprit coiffent souvent sainte Catherine[1]... »

MRS. RENTOUL ESLER.

1. *The Lady's Realm* (London chez Autchinson). Novembre 1897.

III

« Monsieur et ami,

» J'ai bien hésité avant de vous donner mon opinion ou plutôt mon sentiment. On est si mauvais juge quand le cher pays est en cause! Et puis, il est difficile de découvrir une vérité un peu générale. Je crois cependant que, pour l'éducation des jeunes filles, toute la vie étant chez nous[1] très différente de ce qu'elle est chez vous, cette

1. En Norvège.

diversité a dû avoir une influence sur les idées, sur la manière de voir et de juger. Il y a incontestablement un immense avantage dans la grande liberté dont nous jouissons avant le mariage. Je parle en général, car il y a, bien entendu, des occasions où cette liberté a été plutôt nuisible, où une plus étroite surveillance eût été utile. Mais nous ne parlons point, n'est-ce pas, des exceptions?

» Pour ma part, je crois qu'ayant déjà possédé, comme jeune fille, cette liberté qu'on obtient en France seulement après le mariage, nous avons, à un degré plus haut, le sentiment de la responsabilité. Nous apprenons à juger par nous-mêmes, à décider par nous-mêmes de notre avenir. Je crois qu'il n'y a aucun péril à donner toute son indépendance à une femme qui a des sentiments droits et des principes. Guidée par « cette conscience robuste » dont parle notre Ibsen, une telle femme n'abusera point.

» Autrefois, on considérait ici la femme qui ne se consacrait point uniquement aux occupations du ménage comme une émancipée. Il n'en est plus ainsi heureusement. Une femme écrivain, madame Collett, a combattu avec bravoure ce préjugé des mœurs. Aujourd'hui, la femme peut se frayer un chemin, vivre par les ressources de son travail. Beaucoup de jeunes filles sont acceptées dans les différentes branches du commerce, dans les bureaux, dans les ministères. Partout, elles se conduisent si bien qu'on ne saurait les accuser d'une seule aventure ou d'une coquetterie.

» Voilà les avantages de la confiance et d'une honnête liberté.

» Dans le Nord, le mariage n'est donc jamais considéré comme un moyen d'arriver à l'indépendance. Ne pensez pas que je suppose qu'il en va toujours ainsi dans vos mariages de France. Je crois et je sais que vous avez dans votre patrie des unions bien heureuses, où la vie de famille existe, autant, et peut-être plus, que chez nous. Il y a aussi chez vous des gens qui regardent le mariage par son aspect sérieux, du côté des devoirs, enfin tout ce qui est doux et profond dans l'existence. Découvrir une âme que notre âme comprenne, en qui et pour qui l'on puisse vivre, en tout pays du monde, c'est le bonheur. Alors la vie à deux semble riche quand tout, illusions et sentiments, est également partagé.

» Peut-être, vous dites que c'est trop de romanesque, et que l'on rencontre rarement ce bonheur-là, aussi bien dans les mariages du Nord que dans les mariages du Midi. Il se peut que vous ayez raison. Je crois pourtant que dans le Nord nous nous formons une idée presque sublime du bonheur conjugal. On se fiance parfois très jeune; la dot, vous le savez, joue rarement un rôle; on s'aime fidèlement; on attend de longues années que le mariage soit possible. Le jeune homme travaille pour se créer une position qui le fasse indépendant. La jeune fille se prépare sérieusement à son rôle de femme. Nous savons que c'est *en soi* et non *hors de soi* que l'on trouve le fondement d'une vie heureuse.

» Hélas ! les natures du Nord, si courageuses, si loyales, ont aussi leurs défauts ! La tendresse, l'affection existent ; elles sont là, point de doute ; mais tout cela reste le plus souvent enseveli dans la réserve, sous le froid des apparences. Et la vie est si courte et l'on aurait tant besoin de soleil ! On voudrait tant sentir — surtout lorsque l'on a vécu en France — un peu plus de chaleur, de ces élans spontanés qui partent du cœur, qui vont droit à l'âme ! Sans doute, cette crainte de montrer notre fond, cette concentration des esprits en eux-mêmes tient à la nature de notre pays, si souvent écrasant et sombre. C'est l'angoisse du fiord étroit, le poids de nos hautes montagnes. Du moins la vie intérieure est plus profonde chez nous que chez vous. Il y a un besoin dans nos êtres de la sentir se développer, grandir, pour atteindre à quelque chose de meilleur, de plus élevé, dès ici-bas. Oui, oui, ce sentiment est plus intense que partout ailleurs, dans notre Nord, où la vie extérieure, la vie mondaine offrent si peu de ressources et où il faut toujours revenir à ce qui est sincère et vrai[1]... »

E. T.

1. Cf. *Notes sur la Norvège* de Hugues Le Roux (Calmann Lévy). Chapitre : La femme et l'amour dans le Nord.

IV

» Monsieur,

» Je suppose que toutes les jeunes filles vous lisent avec plaisir, mais celles-là vous suivent avec une espèce de passion, qui ne sont pas des enfants gâtées et qui sont dans la nécessité de gagner leur vie.

» Gagner sa vie, monsieur, cela veut dire lutter sans trêve et cette lutte est quelquefois bien dure quand on est jeune, quand on s'avoue franchement qu'une jeune fille qui travaille pour vivre n'est plus tout à fait la même qu'elle était autrefois.

» Je suppose qu'elle était de bonne famille. Son père était estimé de tous ceux qui le connaissaient ; on était donc aimable pour elle. Chez nous, en Allemagne, on épouse généralement la femme et non la dot, on vit de ce que le mari gagne, les salaires suffisaient jusqu'à présent à soutenir honorablement un ménage. Malheureusement, le luxe devient même chez nous plus général qu'autrefois. Les jeunes filles avec des goûts simples se font plus rares. La conséquence, c'est qu'avant de se décider au mariage, les hommes hésitent longtemps ; le nombre des célibataires augmente tous les jours et encore plus, celui des vieilles filles.

» Elles ne sont pas malheureuses dans la maison, et, aussi longtemps que le père vit, rien ne leur manque. Mais après ! Si le mari ne se présente pas ? Sera-t-on un fardeau pour ses frères ? Merci, non ! Quoi de plus naturel alors que de passer ses examens et, après, de se servir de ce qu'on a appris.

» C'est comme cela qu'on devient institutrice. Malheureusement, même en Allemagne, tout le monde maintenant se fait institutrice ou professeur, y compris les jeunes filles qui étaient nées pour être couturières ou femmes de chambre. Donc pour gagner quelques points de plus, on s'expatrie, on va en France, en Angleterre. Après quelques années, quand on possède bien ces deux langues, on rentre chez soi, avec le sentiment agréable que désormais, le pain quotidien ne manquera pas.

» Cette histoire a été la mienne et je suis très contente de mon rôle d'institutrice. Pourtant, il y a des minutes où je voudrais crier à tout le monde : « Mais voyez donc en moi pour un petit moment, non l'institutrice, mais un être humain qui pense, qui sent surtout... » Que d'humiliations, une jeune fille qui travaille n'a-t-elle pas à subir ! En France, on ne présente même pas l'institutrice. A quoi bon ? Elle y est parce que les enfants y sont ! Franchement, quand cela m'est arrivé pour la première fois dans un salon parisien où il y avait du monde, j'ai fait d'amères réflexions sur votre divine devise : « Liberté, Égalité, Fraternité ».

» Pardonnez-moi, mais j'ai trouvé que l'aristocratie française avait des idées un peu moyen âge, et ce n'est pas seulement l'aristocratie qui nous traite de cette manière-là, on trouve le même dédain dans les familles les plus simples. Une compatriote me racontait, l'autre jour, qu'une jeune femme, comme elle-même fille de pasteur, à qui elle avait adressé la parole, n'avait pas daigné lui répondre. Elle avait tourné la tête, elle avait fait semblant de n'avoir pas entendu. Or il paraît que cette femme s'est mariée sans dot. Ce n'est donc pas sa richesse personnelle qui la rend orgueilleuse, mais que voulez-vous ? elle était mariée et l'autre gagnait sa vie.

» N'est-ce pas naturel, après cela que, malgré tout, on devienne un peu féministe. Certes, je ne veux ni le droit d'élection, ni le mariage libre, je ne veux pas même, pour ma personne à moi, le droit de devenir avocate ou autre chose, mais je suis sûre que c'est une sorte d'héroïsme de s'en aller de sa famille, de quitter tout ce qu'on chérit, de renoncer à ses rêves, de briser avec son passé, dans un sentiment de dignité honorable et pour ne pas peser lourdement sur les autres. Je voudrais donc que l'on inculquât aux hommes et aux femmes des notions nettes et claires à l'endroit des femmes qui gagnent leur vie. C'est un sujet international, n'est-ce pas? et comme vous m'apparaissez, monsieur, du petit nombre de ceux qui voient juste dans ces matières si délicates, vous me pardonnerez de n'avoir pas résisté au plaisir de vous écrire, — bien que ce ne soit pas sur du papier rose et avec de l'encre violette. »

N...

V

» Monsieur,

» À la lecture du passage où vous conseillez aux jeunes filles de la bourgeoisie, aux demoiselles bien élevées d'apprendre un état et de l'exercer tranquillement, j'ai battu des mains. Il faut vous dire que nous sommes cinq sœurs et que notre mère est veuve. Les deux aînées sont mariées. Elles ont tantôt de l'agrément, tantôt de l'ennui; dans l'ensemble, elles ne sont pas à plaindre. Nous trois, nous avons entre nous un petit capital de deux cent cinquante mille francs. Divisez. Cela ne fait pas une bien grosse dot pour chacune ! Mais en restant groupées, avec notre mère près de nous, et en habitant huit mois par an à la campagne, on s'en tire. Le malheur, c'est qu'on s'ennuie à périr ! On ne peut pas faire tout le temps de la bicyclette ? Quand il pleut ? Quand il n'y a pas d'homme pour vous tenir compagnie ?

» Alors, une de mes sœurs chante. Pour qui ? Une autre peint. Toute la maison est encombrée de paravents et de cadres où elle a répandu des fleurs plus ou moins fraîches. Il n'y a plus de place. Moi, je fais des chapeaux. Ça m'amuse, ça me passionne. Et vous savez, j'ai du talent, beaucoup de talent. Je ne me vante pas. Une femme qui dit : « J'ai le génie littéraire » est suspecte. Mais vous m'accorderez bien qu'une jeune fille qui affirme : « J'ai le don de faire des chapeaux » peut avoir le sens commun.

» J'ai tant de talent que, dernièrement, une de mes sœurs mariées est allée à une première avec un chapeau que j'avais fabriqué pour elle. Elle a été aperçue par une grande modiste qui la coiffe d'ordinaire. Huit jours plus tard, la grande modiste a dit à ma sœur :

» — Je vous ai vue l'autre soir, au théâtre. Vous m'avez fait une infidélité...

» Quand j'ai su cela, j'ai failli en être malade de plaisir. Je me suis dit : « Pourquoi est-ce que je ne réclamerais pas mes quatre-vingt mille francs à la communauté ? Pourquoi est-ce que je ne louerais pas un magasin, et pourquoi est-ce que je n'en informerais pas nos amies et connaissances?

» Ce serait très facile si je ne tenais pas à conserver nos relations mondaines. Et voilà le hic! J'ai demandé à une amie :

» — Réponds-moi très franchement. Si je me fais modiste, continueras-tu à me recevoir?

» Elle m'a répondu :

» — Ma pauvre petite, il ne me serait pas possible de te faire rencontrer dans mon salon avec des amies communes qui te devraient une grosse note. Et tout le monde doit une grosse note à sa modiste!

» Voilà, monsieur, où j'en suis. Dites bien aux jeunes filles qui auraient la même tentation que moi qu'elles doivent tout d'abord renoncer à se faire une clientèle d'amies, car on ne les payera pas et on se brouillera avec elles. L'amitié et l'argent sont des choses qui doivent demeurer séparées par un fossé très profond. Il faut qu'une jeune fille du monde qui se fait modiste écrive sur son magasin : « Je ne coiffe pas mes amies. »

» Pourra-t-elle coiffer des « cocottes » ?

» Il paraît, monsieur, que l'argent des « cocottes » leur vient d'une source impure. Je ne m'en doutais pas. Mes frères me l'ont appris, depuis que j'ai manifesté tout haut mes intentions. Et l'argent qui vient d'une source impure salit toujours un peu les mains qui le reçoivent. Il y aurait certainement bien des choses à dire là-dessus, par exemple que l'argent a toujours passé par toutes sortes de mains impures avant d'arriver dans les mains pures. Mais alors, on est censé l'ignorer. tandis que le cas que je vous dis, il n'y a pas moyen de ne pas savoir.

» Que faire alors? On ne peut pas s'adresser à ses amies, parce qu'elles ne payeraient pas, ni aux « cocottes », parce qu'elles payeraient trop bien.

» Restent les honnêtes femmes. On pourrait ouvrir un magasin de modes avec cette enseigne : *A l'Honnête Femme*. Certes, on le pourrait. On peut toujours faire une bêtise, mais j'ai comme une idée qu'il faudrait bien vite fermer ce magasin-là, car les honnêtes femmes d'aujourd'hui aiment beaucoup qu'on leur fasse des chapeaux pareils aux chapeaux des cocottes et elles vont acheter ces chapeaux-là où les cocottes les achètent.

» Voilà, monsieur, dans quelle impasse est, présentement, engagée ma bonne volonté. Je vous soumets mon cas. Vous avez l'air de demander une petite réforme bien facile. Ce sont toutes les mœurs de la bourgeoisie qu'il faut changer avant que vous ayez gain de cause. Tenez, je suis sûre que parmi les honnêtes femmes à qui vous montrerez ma lettre, je suis sûre que plus d'une dira :

— Comment une jeune fille ose-t-elle prononcer le mot de « cocotte » ? Comment sait-elle seulement ce que c'est ?

» Les jeunes filles d'aujourd'hui, mon cher monsieur, savent que les « cocottes » sont des demoiselles qui n'ont pas voulu faire des chapeaux et qui gagnent malhonnêtement leur vie. Elles demandent — vous voyez que je jette mon bonnet par-dessus les moulins — que les honnêtes femmes ne les obligent pas à faire de même, qu'on les encourage quand elles réclament tout simplement la permission de faire des chapeaux.

» Votre servante,

N...

VI

» Je suis, monsieur, une de ces jeunes filles à cent mille francs de dot que vous vouez au célibat, et en effet je ne suis pas mariée. Ne pensez pas que je cède à un mouvement de vanité féminine en vous disant que l'on m'a demandée plusieurs fois. Quand le premier de mes prétendants a été refusé, j'avais dix-sept ans. Lui, trente-cinq ou trente-six ans. Il me plaisait, mais mes parents déclarèrent qu'il avait « trop vécu », et je n'entendis plus parler de lui. Il ne pouvait pas attendre ; il en a épousé une autre, j'igno: ; si elle est heureuse.

» Après cela, j'ai été demandée en mariage par un homme d'une trentaine d'années qui était dans la « commission ». Mon père est magistrat. Les relations de ce négociant ne valaient pas les nôtres. Il se fit congédier pour avoir exigé qu'on lui laissât la libre disposition de ma dot qu'il comptait engager dans ses affaires.

» J'avais alors vingt-deux ans. J'étais un peu dépitée ; je demandai la permission de voyager avec une parente que sa santé oblige à passer tous les hivers dans le Midi.

» Dites bien, monsieur, aux jeunes filles

qui croient que l'on trouve des maris dans les stations d'hiver, qu'elles se trompent. Il y a toujours un triste motif à l'oisiveté des jeunes hommes que l'on rencontre dans ces endroits-là. Les uns sont des coureurs de dot, des aventuriers qui comptent profiter des libertés d'une société cosmopolite pour s'approcher plus près des jeunes filles et leur prendre le cœur afin de s'approprier leur argent. Les autres sont des malades riches, des phtisiques, des énervés, qui ont plus besoin d'une garde-malade que d'une femme.

» Au cours de ces visites, j'ai été demandée en mariage par un homme veuf, déjà âgé, un vrai gentleman celui-là. Il me plaisait. Je concevais bien près de lui une vie à deux où j'aurais été quelque chose comme une fille tendre et très gâtée, mais je n'avais encore que vingt-cinq ans et j'espérais de la vie quelque chose de plus... Aujourd'hui, j'en ai trente. Le meilleur de ma jeunesse est derrière moi, la liberté, que personne ne me conteste plus, est sans emploi. Si, comme je le pense, la demande de l'indulgent ami, que mes précédents refus n'ont pas découragé se renouvelle, je dirai « oui » avec reconnaissance.

» Je suis sûre que nous aurons du bonheur à nous deux, et pourtant ma vie me semble mélancolique. Je me dis : « Si je n'avais pas eu d'argent du tout, le jour où un brave garçon m'aurait demandée en mariage, j'aurais été sûre qu'il m'aimait, et, à supposer que quelque chose ne m'eût pas séduite dans sa personne ou dans ses manières, j'aurais passé là-dessus sans inquiétude.

» Une de mes amies bien plus riche que moi, maintenant mariée, à qui je confiais ces regrets, m'a dit l'autre jour :

« — Une dot de cinq cent mille francs, c'est une pierre au cou, cela vous noie.

» C'est bien possible, mais moi j'affirme qu'une dot de cent mille francs, c'est un boulet au pied. Souhaitez-moi bonne chance, monsieur. »

N....

VII

« Ah ! pour une fois, mon bon, vous avez dit vrai : les femmes sont ce que les hommes les font. Même, si vous aviez dit cela plus tôt, vous auriez pu vous épargner bien de l'encre.

» Comment ! vous avez l'audace de reprocher aux jeunes filles leur coquetterie? Mais qui donc, s'il vous plaît, la développe depuis l'enfance, cette vanité féminine? Vous êtes tous à nous dire que nous sommes des trésors, tous, pères, mères, amis, etc. Et remarquez que les confesseurs eux-mêmes renchérissent ! Ils nous affirment que l'offrande intacte, non pas même de tout nous, mais d'un petit coin de nous, fait le plus grand plaisir au bon Dieu. Après cela, comment voulez-vous que l'on résiste au plaisir de faire un peu la roue pour les jeunes dindons qui tournent autour de nos jupes? C'est pain bénit de se moquer d'eux.

» Je regarde la façon dont mes amies se sont mariées. Cela me fait pitié. Ce fameux trésor dont je vous parlais, cet irrémédiable, ce tout elles, elles l'ont donné à un âne bâté, à un fat, à un indifférent avec qui elles ne se comprendront jamais. Si elles les avaient pratiqués davantage, jamais elles n'auraient supporté l'idée de vivre avec de tels pleutres. Mais, avant les fiançailles, jamais leurs mamans ne leur ont permis de causer un instant, toutes seules, avec les jeunes messieurs qu'on leur destinait.

» Il y a des moments où l'on envie les ouvriers et les ouvrières et le travail qui leur donne la liberté ; — la liberté de ne pas se marier si cela leur plaît, et la liberté de se marier avec qui leur plaît.

» Ce qui nous plairait à nous ? Ce serait des garçons moins inoccupés, moins aveulis que ceux qu'on nous présente, des êtres qui n'ont rien de fort, rien de chic dans le corps ni dans l'esprit, rien qui fasse un peu rêver notre cervelle.

» C'est comme cela, monsieur. Nous avons besoin de rêver et vous ne nous en empêcherez pas, mon bon. Pourquoi rêvons-nous d'astronomie et d'algèbre? Parce que nos amoureux sont trop falots pour que l'on rêve d'eux. Il faut toujours la même somme d'efforts pour vivre. Les hommes n'en donnent plus autant qu'autrefois, il faut que, nous autres femmes, nous en donnions davantage.

» C'est pour cela que nous nous garçonnifions, parce que les hommes sont efféminés. Au temps des paladins et sous le Premier Empire, est-ce que les femmes montaient à cheval? Est-ce qu'elles portaient culotte? Notre nature, mon cher monsieur, ne nous porte pas à faire tout cela de nous-mêmes. Au temps des Croisades, nous filions, nous avions de grandes jupes très longues, de belles coiffures très compliquées, que l'on mettait beaucoup de temps à édifier et à orner. Aujourd'hui, vous polissez vos ongles, vous ne savez même pas monter un cheval à poil. Eh bien, mais dans ce cas-là, nous arrivons à votre niveau, sans nous essouffler. Et vous savez, comme endurance, nous vous damons le pion, surtout comme volonté et comme ténacité. C'est vous qui renâclez dans les côtes, quand on monte à bicyclette; c'est vous qui éprouvez le besoin de vous desserrer un peu après les repas ; c'est vous qui avez peur de déranger la belle ordonnance de vos coiffures; c'est vous qui choisissez, pour vous asseoir, les fauteuils les mieux capitonnés. En été il vous faut de la glace; en hiver, le coin du feu. Vous ne lisez rien, vous n'êtes au courant de rien, vous ressemblez à ces pachas dont les sultanes ont par-dessus la tête et dont elles se débarrassent un beau matin, en leur faisant du café.

» Des « pâles voyous », comme dit mon frère, voilà ce qu'ils sont, les prétendants à notre main! Qu'ils se refassent un peu de la cervelle et des muscles, qu'ils nous obligent à reconnaître la supériorité de leurs corps et de leur esprit. Quand ils nous apporteront de la belle force tendre, nous serons toutes à eux. Mais s'ils se mettent à être détestables, nous saurons l'être mille fois plus qu'eux. Au revoir, bon apôtre. »

N.

FIN

TABLE

—

LA CRISE DU MARIAGE 1
LA DOT 18
LE LUXE ET LA JEUNE FILLE 35
L'INSTRUCTION 53
L'ATTRAIT PHYSIQUE 70
L'ATTRAIT VIRGINAL 88
L'INDÉPENDANCE 103
LA RIVALE 119
SIMPLICITÉ ET SNOBISME 135
RÉFORMES 152
LE MARIAGE EST UNE COMMUNAUTÉ 175
CONCLUSIONS 194
APPENDICE 212

PARIS. — IMPRIMERIE CHAIX. — 652-1-08. — (Encre Lorilleux).

www.ingramcontent.com/pod-product-compliance
Ingram Content Group UK Ltd.
Pitfield, Milton Keynes, MK11 3LW, UK
UKHW021854190726
13855UKWH00001B/319

9 782013 579612